나는
왜 자꾸
미룰까?

나는 왜 자꾸 미룰까?

초판 1쇄 펴냄 2017년 4월 14일
      9쇄 펴냄 2023년 11월 24일

지은이 비벌리 K. 베이첼
옮긴이 최설희

펴낸이 고영은 박미숙
펴낸곳 뜨인돌출판(주) | 출판등록 1994.10.11.(제406-251002011000185호)
주소 10881 경기도 파주시 회동길 337-9
홈페이지 www.ddstone.com | 블로그 blog.naver.com/ddstone1994
페이스북 www.facebook.com/ddstone1994 | 인스타그램 @ddstone_books
대표전화 02-337-5252 | 팩스 031-947-5868

ISBN 978-89-5807-637-7 03180

나는 왜 자꾸 미룰까?

중학생을 위한 목표관리법

비벌리 K. 베이첼 지음 | 최설희 옮김

뜨인돌

목차

Part 1 목표, 꼭 세워야 해?

Part 2 내가 진짜로 원하는 것 발견하기

Part 3 목표 달인이 되는 법

Part
4

목표를 향해 전진하기

Part
5

목표를 이룬 멋진 나에게

난 자연 속에서 뛰어노는 걸 좋아하고 늘 모험에 목말라하는 아이였어. 8살 때, 사촌을 꾀어 한겨울 뒷마당에서 캠핑을 했지. 12살의 어느 날, 어니스트 섀클턴의 전설적인 탐험에 대한 이야기를 들었어. 섀클턴은 인듀어런스 호를 타고 남극해를 횡단한 사람이야. 탐험대는 남극 대륙까지 하루의 여정을 남겨 놓고는 빙하에 걸리고 말았지. 결국 배는 침몰하고 대원들은 2년 가까이 빙벽에 갇혀 있었어. (감사하게도 모두 살아서 귀환했어!) 그 이야기를 듣는 순간, 나는 남극 탐험가가 되고 싶은 열망에 사로잡혔어.

중고등학교 시절 내 목표는 대학을 졸업하고 교사가 되는 거였어. 당시 나는 학습장애가 있어서 학교생활이 쉽지 않았지. 엄청 괴로웠어. 하지만 교사가 되겠다는 목표가 있었기 때문에 하루하루 견디고 버틸 수 있었어.

마침내 나는 교사가 됐어. 그리고 북극과 남극을 스키로 횡단한 최초의 여성 탐험가도 됐지. 쉽지 않은 과정이었지만 지금 나는 내가 꿈꾸었던 것, 내가 진짜 원했던 걸 하며 살고 있어.

너도 그렇게 할 수 있어. 불가능해 보일 때도 있겠지만 너한테는 너만의 여정을 만들어 갈 힘이 있어. 쉽지는 않겠지만 보람 있을 거야. 그리고 결과의 크기에 상관없이 멋진 성과가 너를 따라올 거야.

　너에게 해 줄 말을 한 가지만 고르라고 한다면, 이 말을 해 주고 싶어. 꿈을 향해 가는 동안은 '안 돼'라는 말을 절대로 받아들이지 마. 너 자신을 믿고 네가 하고자 하는 일을 믿어. 그럼 언젠가 가장 간절히 원하는 걸 얻게 될 거야. 이 책에서 말하는 목표 세우는 방법, 지원군 만드는 방법, 의욕을 계속 유지하는 방법 같은 삶의 기술과 요령들이 네가 갈 길을 정하고 꿈을 이룰 수 있도록 도와줄 거야.

　네 꿈이 무엇이든 목표를 바로 세운다면 반드시 이룰 수 있다는 걸 꼭 기억해. 자, 시작해 볼까!

앤 밴크로프트(교사, 탐험가, 작가)

"꿈과 정신력의 힘을 얕보지 마라.
위대함을 향한 잠재력이 우리 모두 안에 살아 있다.
이 개념 안에서 우리는 모두 똑같은 존재다."

_ 윌마 루돌프(올림픽 육상 금메달리스트)

어떤 꿈을 꾸고 있니? 어떤 사람이 되고 싶어? 우리가 언젠가 멋진 일을 해낼 수 있고, 굉장한 존재가 될 수 있고, 성공하고, 배우고, 가질 수 있다고 상상해 보는 건 신나는 일이지. 그렇다면 넌 꿈과 희망을 이루기 위해 지금 뭘 하고 있니?

"내 꿈은 ○○이야", "진짜 하고 싶은 건 ○○야". 혹시 이런 생각이 든다면, 지금이야말로 행동할 때야!

이 책이 너를 도와줄 거야. 어떻게 아느냐고? 내가 이 책에 있는 방법대로 직접 해 봤거든. 새 친구를 사귈 때, 첫 차를 살 때, 골프 연습을 할 때, 새로운 사업을 시작할 때도. 목표를 세우는 건 다양한 꿈을 이루는 데 도움이됐어. 물론 이 책을 쓴 것도 포함해서. 이 책을 쓴 건 내 꿈이 이루어졌다는 뜻이야.

내가 너희 나이였을 때, 꿈도 많고 하고 싶은 것도 많았어. 세상에는 수천 가지 가능성이 존재한다는 걸 알고 있었지. 하지만 그걸 어떻게 현실로 만들어 내야 할지 몰랐고 막막했어. 가만히 생각해 보니, 목표라는 게 필요할 것 같았어. 목표를 어떻게 정하는지 누가 알려 주면 좋겠는데 어른이 될 때까지 그걸 알려 준 사람은 없었어. 나는 어쩔 수 없이 목표에 대해 혼자 공부하기 시작했고 목표가 정말 중요하다는 사실을 깨달았어.

이 책은 어떤 목표를 세울지, 목표를 어떻게, 왜 세우는지 설명해 줄 거야. 네가 직접 목표를 세우고 거기에 도달할 수 있도록 말이지. 책을 읽다 보면 목표라는 게 무언지, 그게 왜 중요한지, 네가 진짜 원하는 걸 얻기 위해서 목표를 어떻게 활용해야 하는지 알게 될 거야.

이 책을 100% 활용하는 법을 알려 줄게.

'꿀팁'에서는 목표를 이루는 데 필요한 기술이나 조언을 얻을 수 있어. '행동하는 꿈쟁이들'에서는 내가 인터뷰한 청소년들의 이야기를 들을 수 있어. 자신의 인생을 더 멋지게 만들려고 목표를 세우고 꿈을 꾸고 있는, 너와 비슷한 아이들이야.

그리고 마지막 부분에 나오는 부록은 복사해서 써 봐. 휴대폰으로 사진을 찍어서 출력하는 것도 방법이야. 부록을 잘 활용하면 목표를 파악하고 계획을 세워서 이루어 나갈 수 있을 거야. 당장 부록에다 직접 쓰고 싶더라도 좀 참아 줘. (특히 도서관에서 빌린 책이라면 더더욱!) 꼭 복사해서 써 줘. 그래야 필요할 때마다 새로운 목표를 쓰고 고칠 수 있을 테니까.

이 책을 어떻게 활용할지는 네가 정하는 거야. 책을 한 번에 쭉 읽어 내려갈 수도 있고 각 장을 세세히 읽어 가며 깊이 파고들 수도 있어. 아니면 재미있어 보이는 부분부터 먼저 쓱 훑어볼 수도 있고.

'행동하는 꿈쟁이들'을 읽으면서 새로운 자극을 받을 수도 있어. 인터뷰하는 방법을 배울 수 있고, '목표 도우미' 찾는 방법도 알아낼 수 있을 거야.

그리고 잊지 말 것! 이 책의 목표는 읽어 보고 활용한 다음 그냥 끝내는 게 아니라 반복해서 활용할 수 있게 돕는 거야. 그러니 그냥 책꽂이에 꽂아 두고 잊어버리면 안 돼. 침대 머리맡이나 가방 안, 아니면 컴퓨터 옆에 놓아 둬. 눈에 자꾸 보여야 최대한 활용할 수 있으니까.

어떤 목표를 세울 거야? 그걸 이루려면 어떤 장애물을 넘어야 할까? 누구한테 도움을 요청할래? 목표를 이루는 과정에서 어떻게 하면 너와 다른 사람들에게 좋은 영향을 끼칠 수 있을까? 목표를 달성하면 어떻게 축하할 거야? 그다음 목표는 뭘로 정할 거야? 이 질문들에 대한 답은 일단 네가 직접 뛰어들어 시작해 보기 전에는 알 수 없어.

난 너와 네 가능성을 믿어. 이 사실을 기억한다면 기운이 날 거야. 그렇다면 이제부터 꿈을 향해 달려가 보자!

비벌리 K. 베이첼

part
1

목표,
꼭 세워야 해?

목표가 뭐야?

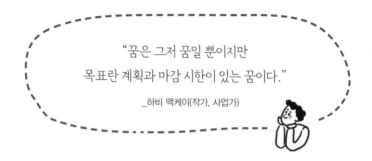

"꿈은 그저 꿈일 뿐이지만
목표란 계획과 마감 시한이 있는 꿈이다."

_하비 맥케이(작가, 사업가)

어린 쌍둥이 자매가 자선단체를 만들었어. 그리고 그 단체는 수천 명의 목숨을 살렸대. 어떻게 이런 일이 가능했을까?

암 투병을 하던 소녀가 발명품을 만들어 5만 달러 이상을 벌었대. 이 친구가 만든 건, 아이들이 의료장비를 수월하게 메고 다닐 수 있도록 돕는 배낭이야. 링거나 호흡기 줄 같은 의료 장비는 어린아이들한테 무겁기도 하고 엄청 걸리적거려. 아이들에게 꼭 필요한 배낭이었지. 어떻게 어린 소녀가 그런 발명품을 만들 수 있었을까?

영어를 전혀 하지 못했던 한 학생이 나중에 미국 학교에서 전교 회장이 됐어. 어떻게 이런 일이 있을 수 있지?

그 친구들의 비결은 대단한 게 아니야. 너도 충분히 해 볼 수 있는 거지. 그게 뭐냐고?

바로 목표 세우기야.

그런데 '목표'라는 게 정확히 뭘까?

목표라는 건, 일단 네가 원하는 걸 의미하겠지. 그런데 그 이상의 뭔가가 있는 것 같아. 목표란 네가 이루고 싶어 하는 어떤 것이기도 해. 그걸 이루는 데는 며칠이 걸리기도 하고 몇 주, 몇 달, 혹은 몇 년이 걸리기도 해. 어쩌면 평생에 걸쳐 이루어 내야 하는 일도 있겠지.

너는 좋은 습관을 만들고 싶을 수도 있어. 아니면 나쁜 습관을 없애고 싶을지도 모르고. 새로운 사람들을 만나고 싶거나, 성적을 올리고 싶을 수도 있어. 혹시 기타를 배우고 싶거나 스포츠 팀에서 활약하고 싶진 않니? 아르바이트를 하고 싶을 수도 있고 원하는 대학에 합격하거나 여행을 하고 싶을 수도 있어. 어쩌면 친구들을 대표해서 용기 있게 앞에 나설 수 있는 사람이 되고 싶을지도 몰라. 등산을 할 수 있을 만큼 몸이 건강하길 바랄 수도 있고, 서랍장을 뚝딱 만들어 낼 정도로 손재주가 좋았으면 하고 바랄지도 몰라. 혹시 암 치료제를 개발하고 싶니? 세계의 기아 문제를 해결하고 전 세계의 공해와 수질오염 문제를 깨끗이 해결하고 싶어? 이 모든 바람이 목표가 될 수 있어.

지금 어떤 걸 하고 싶든 먼저 너 자신에게 물어봐.

그걸 막연히 바라고만 있는지 아니면 그 일이 현실이 되길 진심으로 바라는지. 만일 네 바람이 현실이 되길 진심으로 원한다면 지금이야말로 목표를 세울 시간이야.

지금까지 한 번도 목표를 세워 본 적이 없는데 어떡하느냐고? 목표를 세워 본 게 한두 번 뿐이라고? 목표를 세워 봤지만 늘 실패했다고? 목표가 있지만 절대 이루어질 것 같지 않다고? 그러면 좋은 소식을 알려 줄게.

목표를 세우고 이루는 방법은 배울 수 있다는 거야! 신발 끈 묶기나 농구공 드리블, 외국어 배우기랑 비슷해. 연습하면 할수록 더 잘하게 되지.

꿀팁

희망과 꿈은 네 마음속에 있어. 네가 밖으로 꺼내 오지 않는 한 늘 네 안에 머물러 있을 거야. 그걸 끄집어내기 위해 목표가 필요한 거야. 목표는 네 마음속에 잠들어 있는 희망과 꿈을 깨워 함께 춤출 수 있도록 도와줄 거야.

목표를 세워야 하는
10가지 이유

1 **목표는 네가 되고 싶은 사람이 될 수 있게 도와줘**
네가 꾸지 못할 꿈은 없어. 하지만 행동하지 않는다면 네가 바라는 곳에 도착할 수 없을 거야. 목표를 세우고 어디를 향해 가는지 알면 따라가야 할 지도를 만들 수 있어. 꿈의 지도가 있다면 원하는 것을 향해 차근차근 다가갈 수 있어.

2 **목표는 안전지대를 넓혀 줘**
목표를 향해 가다 보면 긴장되거나 불편한 느낌이 들 수도 있어. 예를 들면 새로 만난 사람에게 말을 걸어야 한다거나 아르바이트 면접을 볼 때, 어른들에게 조언을 구해야 할 때 그렇겠지. 할 수 없는 일이라고 생각했던 일에 부딪쳐 보는 건 스스로를 성장시킬 수 있는 아주 좋은 방법이야. 그 과정에서 위험을 감수해야 할지도 모르지만 그것 역시 너에게 도움이 되는 '안전한 위험'일 거야.

③ 목표는 자신감을 북돋아 줘

목표를 정하고 그걸 성취해 내면 자신과 다른 사람들에게 네가 해낸 일을 당당히 보여 줄 수 있어. 그럴 때면 스스로가 좀 더 멋진 사람처럼 느껴질 거야. 새로운 도전을 할 수 있을 거라는 자신감도 더 커질 테고.

④ 목표는 삶의 목적을 만들어 줘

목표는 단순한 표어가 아니야. 목표는 네가 가장 중요하고 소중하게 생각하는 세상을 보여 주고 어떤 길로 가야 하는지 길을 알려 줄 거야. 목표를 잘 따라가다 보면 시간 낭비를 한다거나 지루하거나 좀이 쑤신다는 느낌을 받을 새가 없을걸.

⑤ 목표는 자립심을 키워 줘

나이가 많든 적든, 다른 사람들이 네 인생을 결정하게 두면 안 돼. 직접 목표를 정하고 계획을 세우는 습관은 스스로를 책임질 수 있게 도와 줘. 목표를 정하고 이루는 습관을 들이면 점점 자립심이 강해지는 게 느껴질 거야. 다른 사람들도 금세 알아차릴걸!

6 목표는 네가 결정한 일에 대한 확신을 줄 거야

이제 너는 이전보다 더 많은 결정을 내려야 할 거야. 가끔은 친구들이 하자는 대로 휩쓸리고 싶을 때도 있겠지. 하지만 너만의 목표를 마음속에 확고히 정해 놓으면 어떤 상황에서든 네가 원하는 걸 분명하게 선택할 수 있어.

7 목표는 '불가능'을 '가능'으로 바꿔 줘

이룰 수 없을 것 같은 거대하고 막연한 꿈도 일단 목표를 정하면 해 볼 만한 과정으로 작게 나눌 수 있어. 그럼 '언젠가'는 이루어야지 했던 무언가를 현실에서 만나 볼 수 있을 거야.

8 목표는 네가 더 나은 방향으로 변화할 수 있다는 걸 보여 줘

목표는 삶에 변화를 일으켜. 혹시 네 삶을 바꾸는 목표를 세웠니? 아니면 다른 사람들의 삶을 바꿀 수 있는 목표들이야? 어쩌면 2가지 목표를 다 세웠을 수도 있겠지. 뭘 하기로 했든 목표가 분명해지면 달성 확률이 높아져.

9 목표는 삶에 의욕과 추진력을 줘

목표는 너를 앞으로 나아가게 해. 물론 제자리에 머물러 있는 게 나쁜 건 아니야. 하지만 아무 의욕 없이 자신을 비관하며 머물러 있다면 마음속 희망과 꿈이 자라지 못하고 사그라질지도 몰라. 정확한 방향과 목표를 세우면 추진력이 생기고, 늘어져 있던 몸과 마음에 생기가 돌 거야.

10 목표는 만족감이 들게 해 줘

연구 결과에 따르면, 목표를 정하고 이루려고 노력하는 사람들이 더 높은 수준의 단계에 도달해. 스스로에 대한 만족도도 높고. 친구나 가족들, 꿈을 이룬 사람들을 한번 살펴봐. 그들이 목표를 세우고 이룬 후에 자신들의 삶에 얼마나 만족하고 또 다른 성공을 위해 노력하는지 알게 될 거야.

보너스 목표는 나쁜 습관을 없애 줘

늦잠 자기나 다른 사람 험담하기, 손톱 깨물기, 휴대폰 게임 중독 같은 버리고 싶은 습관이 있니? 그러면 습관을 바꿀 수 있는 작은 목표를 세워 봐. 매일 10분 일찍 일어나기, 매일 30분 침묵하기 같은 사소한 일들을 꾸준히 반복하다 보면 어느새 네 삶이 바뀌어 있을 거야.

목표에 관한 3가지 거짓말 :
절대 믿지 마!

첫 번째 거짓말
"목표 같은 거 누가 필요하대?
그런 거 없어도 잘만 살아."

틀렸어! 꿈은 우연히, 운이 좋다고 이룰 수 있는 게 아니야. 가고 싶은 정확한 목적지를 정하고서 그곳에 도달하려고 애를 써야 이룰 수 있는 거지. 그렇게 할 때 만족스러운 결과를 얻을 수 있어. 그리고 목표가 있을 때 최선을 다할 수 있는 에너지가 샘솟는 거야.

두 번째 거짓말
"목표는 특별한 날 세워야 해."

많은 사람들이 목표를 세우거나 변화를 시도하기에 새해나 새 학기가 가장 좋다고 생각해. 이건 완벽한 거짓말이야. 그런 날만 목표를 세울 수 있거나

심사   숙고

목표는 정했는데
언제부터 하지?

1학기는 시작했으니까
2학기부터 해야지.

아니야, 새로운 마음가짐으로
해야 멋진 목표를 세울 수 있지.
깔끔하게 1월1일부터 하자!

298일 남았군!

그때가 가장 좋은 시기는 아니야. 사실 '지금'이야말로 목표를 세우기 가장 좋은 때야. 지금 당장 시작해.

세 번째 거짓말

"모든 걸 나 혼자 해야 해."

그래, 맞아. 목표를 세우고 이루는 건 스스로 해야 할 과정이야. 하지만 그렇다고 해서 모르는 걸 물어볼 수도, 도움을 청할 수도 없다는 뜻은 아니야.

너는 아니라고 할 수도 있겠지만 네 삶에는 많은 사람들이 함께하고 있어. 가족, 친구들, 선생님들, 어쩌면 지금껏 만나지 못했던 사람들까지도. 그들은 어떤 식으로든 너를 도와주고 싶어 할 거야. 사람들의 도움과 응원을 받으면 목표를 향해 가는 과정이 더 쉽고 재미있어질걸.

목표에 관한 3가지 진실 :
평생 믿고 따르기

첫 번째 진실

"목표는 중요해!"

크든 작든 성공을 해 본 사람들한테 물어봐. 아마 대부분 목표가 얼마나 중요한지부터 얘기할 거야. 그리고 이렇게 말하겠지. 목표는 너를 꿈에 가까이 다가가게 해 줄 거라고. 또 목표가 있으면 몸과 마음, 감정까지 건강해져. 정말이야!

두 번째 진실

"많은 사람들이 목표를 세우지 않아."

연구에 따르면 100명 중 3명만 목표를 세운다고 해. 그보다 더 적은 사람이 목표를 글로 써 놓지. 목표를 글로 쓰는 건 목표를 이룰 수 있는 아주 중요한 과정이라는 걸 이 책을 읽다 보면 알게 될 거야.

세 번째 진실

"네가 바로 목표가 있는 '바로 그 사람'이 될 수 있어."

목표를 세우는 건 네가 충분히 할 수 있는 일이야. 그리고 간단해. 몇 가지 기본적인 방법을 알려 줄게.

- 네가 하고 싶거나 이루고 싶은 걸 생각해 봐.
- 그걸 종이에 써 내려가.
- 그 종이를 네가 볼 수 있는 곳에 붙여 놔.

이걸 해 봤다면 너는 꿈을 이룬 사람들이 하는 3가지를 한 거야. 목표를 생각했고, 그걸 썼고, 그리고 그걸 눈으로 볼 수 있게 했어!

목표 기록장 만들기

이제 목표 세우기의 기본을 알게 됐어. 그럼 이제 목표를 세워 볼까?

우선 아주 중요한 물건 하나가 필요해.

바로 목표 기록장인데 노트나 스케치북을 활용하면 좋아.

목표 기록장 만드는 게 왜 그렇게 중요하냐고? 왜냐하면 목표를 쓰거나 그리는 과정은 머릿속에 어떤 생각들이 있는지 스스로 깨달을 수 있게 도와주거든. 그리고 글로 쓰는 작업은 생각과 목표를 더 선명하게 해 주는 효과도 있어.

여러 개 챕터로 분리할 수 있고 뭔가를 넣을 수 있는 작은 주머니가 달린 노트를 추천하고 싶지만 네가 쓰기 편한 노트라면 뭐든 다 좋아. 아무리 생각해도 종이에 쓰는 게 네 스타일이 아닌 것 같다면 휴대폰이나 컴퓨터를 활용할 수도 있어.

목표 기록장을 준비했다면 우선 두 부분으로 나눠. 첫 부분의 제목은 '목표 지킴이'야. 복사하거나 스캔한 양식들을 여기에 붙여서 보관해. '이런 게 무슨 도움이 되겠어?' 싶겠지만 일단 해 봐. 네 꿈과 목표를 연결하는 특별한 장치니까. 목표를 더 구체적으로 만들고 계속 앞으로 나아갈 수 있게 해 주는 도구지.

두 번째 부분의 제목은 '생각 일기'야. 생각 일기는 이 책을 읽으면서 느끼는 고민거리와 생각할 거리들에 답을 쓰고 쓸데없는 생각들을 가지치기할 수 있게 도와줄 거야. 또 꿈을 좇고 목표를 향해 가면서 생기는 색다른 생각이나 기억, 현상이나 반응들도 쓸 거고.

무언가를 쓰는 건 자신에 대해 깊이 알 수 있는 아주 좋은 방법이야. '생각 일기'에 이런 것들을 써 볼 수 있어.

- 어떤 목표가 나에게 의미가 있을까?

- 지금 나에게 필요한 게 뭐지?

- 내가 직면한 문제들은 무엇이고 어떻게 그것들을 해결해야 할까?

- 계속 지켜 가고 싶은 생각과 감정들

- 그밖에 내 마음 안에 있는 모든 것

생각 쓰기 를 좋아하는 친구들의 이야기야.

"머릿속 생각과 감정들이
억눌려 있을 때는
그 생각들을 밖으로
끄집어내고 싶어서 글로 쓰곤 해."

– 알렉서스(17)

"머릿속에 떠다니는
생각들, 이미지들, 감정들을
글로 풀어 낸 다음
그걸 내가 만드는 노래의 가사로 써."

– 메리(16)

"책 속의 감동적인 구절을
적는 걸 좋아해. 적다 보면
그 구절들이 마음을 움직여서
뭔가를 하고 싶게 만들어."

– 스텔라(14)

"나는 목표를
아주 크고 진한 글씨로 써.
그리고 하루 동안 했던 일들을 적어.
내가 얼마나 성장했는지,
어떤 걸 더 열심히 해 나가야 하는지도
함께 적으려고 해."

– 제인(13)

"매일 그림 일기를 써.
처음엔 좀 귀찮았는데
이제는 안 하면 이상해."

– 카슨(15)

목표 기록장에 낙서를 하든 뭔가를 끄적거리든, 명언을 적든, 잡생각을 적든, 욕을 쓰든 그건 네 맘이야. 휘갈겨 쓸 수도 있고 깔끔하게 쓸 수도 있어. 써 보고 별로다 싶은 페이지는 그냥 찢어 버려도 돼. 철자나 문법, 맞춤법 같은 것들은 신경 쓰지 마. 걱정하지도 말고. 목표 기록장은 다른 누구를 위한 게 아닌 바로 너를 위한 거니까.

목표 기록장의 목적은 목표에 다가가도록 돕는 거야. 또 너한테 가장 효과적인 방법으로 자신을 표현할 수 있도록 도와주는 공간이 될 거야. 그 어느 누구도 네가 쓴 걸 볼 수 없어(네가 봐 달라고 부탁하지 않는 이상). 일단 목표를 쓰기 시작하면 아래 팁을 최대한 활용해 봐.

✔ 시작한 날짜를 기록해

날짜를 기록하는 건 목표를 향해 어디쯤 가고 있는지 확인할 수 있게 해줘. 과거를 돌아보면, 그게 4주 전이든 4년 전이든 네가 얼마나 많이 이루어 냈는지 보고 깜짝 놀라게 될 거야.

✔ 자주 사용해

'목표 기록장'을 자주 사용할수록 목표를 더 빨리 이루게 될 거야. 일주일에 한 번이나 2~3일에 한 번, 매일 쓰는 것도 좋아.

✔ '아이디어' 페이지를 새로 만들어 봐

더 배우고 싶거나 누군가에게 물어보고 싶은 것, 시작해 보고 싶은 활동이 있다면 그런 생각들을 적어 봐.

✔ 규칙적으로 기록을 점검해

몇 주 전에 적은 걸 찾아봐. 어쩌면 지금 하고 있는 일에 한 줄기 빛이 될 아이디어가 떠오를 수도 있어. 오늘 적은 무언가가 다음 주에 생길 문제를 해결할 열쇠가 될 수도 있을 거야.

✔ 자유롭게 너만의 방식으로 만들어

너만의 개성을 살려서 목표 기록장을 꾸며 봐. 사진을 붙이고, 그림을 그리고, 좋은 글귀를 적어 놓아도 좋아. 어떤 것이든 너에게 의미 있는 걸로 꾸며 봐.

여전히 목표 기록장이 효과가 있을까 의심스럽더라도 포기하지 말고 그냥 몇 주만이라도 시험 삼아 해 봐. 글, 그림, 이미지를 보면서 네가 원하는 게 뭔지 알아낼 수 있을지도 몰라. 다른 방법으로는 절대 깨닫지 못했던 네가 진짜로 원하는 그 무엇 말이야.

펜을 들고 노트를 펴는 순간, 이전에는 생각하지 못했던 목표에 대한 아이디어가 떠오를 거야. 그러니 일단 펜을 들어 보자, 지금 당장!

행동하는 꿈쟁이들

클레어는 만 15살 소녀야. 축구를 아주 좋아하지. 클레어는 고등학교 1, 2학년생들로 구성된 축구팀을 만들겠다는 목표를 세웠어.

"팀을 만들려면 엄청난 노력이 필요해. 하지만 너무 힘들게 스스로를 몰아세워서 재미를 잃고 싶진 않아."

클레어는 결심을 현실로 만들었어. 축구팀을 만든 거지. 클레어는 여기에 만족하지 않고 새로운 목표를 세웠어.

"경기에 출전할 거야. 벤치에 앉아 있는 것보다 함께 뛰는 게 훨씬 재미있거든!"

13살 쌍둥이 자매 엠마와 에이미는 다른 사람들의 삶을 변화시키는 일을 하고 있어.

쌍둥이가 7살 때로 돌아가 볼까. 엠마는 '어린이 사업가'에 대한 텔레비전 프로그램을 보고 있었어. 그리고 깨달았지. '어린아이들도 사업을 할 수 있

구나!'

"엄마한테 에이미랑 내가 사업을 시작할 수 있느냐고 물어봤어. 엄마는 '물론이지, 네가 원하는 거라면 뭐든 할 수 있어'라고 하셨어. 그리고 다른 사람을 돕는 사업은 어떠냐고 제안하셨어."

그리고 얼마 지나지 않아 쌍둥이는 제과제빵 캠프에 참가했어. 집 근처 노숙자 보호소 사람들에게 자신들이 만든 쿠키를 기증해야겠다고 생각했거든. 노숙자 보호소는 쌍둥이에게는 아주 익숙한 곳이야. 매년 자신들의 생일에 보호소 가족들을 위한 물품을 모으려고 생일 파티를 열었거든.

쌍둥이와 엄마의 남을 돕겠다는 이 단순한 생각은 '베이크 미 홈'(bakeme home.org)이라는 자선단체로 발전했어. 이 단체는 노숙자 보호소에서 생활하는 사람들, 위탁부모와 생활하는 아이들, 군인들을 돕는 수천 명의 자원봉사자를 끌어모았어.

이제 쌍둥이에게는 또 다른 목표들이 있대. 어떤 건 '베이크 미 홈'과 관련이 있지만 어떤 건 좀 더 개인적인 것들이야. 학교에서 좋은 성적 받기, 대학 입학, 만족스러운 직업 찾기 같은 거지. 쌍둥이는 이미 경험으로 익힌 '목표 세우기'를 활용해서 목표를 이루어 갈 계획이야.

엠마의 얘기를 들어 볼까?

"많은 사람들이 이루지 못할 원대하고 불가능한 계획을 세워. 그리고 나서 이루지 못하면 자신들이 실패한 것처럼 느끼지. 난 작게 시작하는 게 더 좋다고 생각해. 목표가 작으면 많은 걸 이루거나 얻을 수 없다고 생각하는 사람들이 많지만 목표는 점점 더 커질 수 있어. 우리가 그랬던 것처럼. 우린 그냥 쿠키를 나누고 싶었을 뿐이야. 이렇게 큰 사업이 될 줄은 꿈에도 몰랐다니까."

내가 진짜로
원하는 것
발견하기

꿈꾸기 초보자들에게

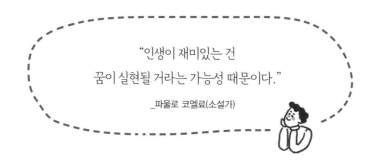

"인생이 재미있는 건
꿈이 실현될 거라는 가능성 때문이다."

_파울로 코엘료(소설가)

우리 일상은 매일같이 쏟아지는 정보들에 둘러싸여 있어. 가족, 친구, 선생님은 물론이고 인터넷이나 텔레비전, 잡지, 라디오, 길가에 붙어 있는 광고지까지 온갖 '충고'를 쏟아 내고 있지.

이렇게 해 이건 꼭 사야 돼
그렇게 말하면 안 되지 올해는 보라색이 유행이야!

많은 사람들이 바깥에서 오는 정보들에 집중하다 보니 중요한 사실을 잊곤 해. 꿈과 가능성은 밖에서 오는 게 아니라 우리 안에 있다는 사실 말이야.

지금부터는 네 안에 숨어 있는 꿈이 뭔지 살펴볼 거야. 이룰 수 없을 것 같은 꿈이라도 괜찮아. 꿈을 살피는 것만으로도 미래를 설계하는 데 도움이 되니까.

먼저 스스로에게 물어봐. '내가 진짜로 원하는 게 뭐지?' 그리고 너의 대답에 귀 기울이는 거야.

- 다른 사람들을 돕고 싶은가?

- 믿을 만한 사람이 되고 싶은가?

- 모험을 즐기는 사람이 되고 싶은가?

- 나 자신과 다른 사람들을 위해 당당히 나서고 싶은가?

- 감정 조절을 잘하고 싶은가?

- 새로운 일을 시도해 보고 싶은가?

- 우등생이 되고 싶은가? 아니면 야구선수? 예술가? 공학박사?

- 학교 축제 때 연극에 참여하고 싶은가? 새로운 동아리에 가입하는 건? 아니면 집에서 더 많은 시간을 보내고 싶은 건가?

- 지금 하고 있는 운동부를 관두고 싶은가?

- 친구 험담하는 일을 그만두고 싶은가?

자신과 나누는 이 대화는 앞으로 네가 해야 할 것들 중에서 가장 중요하고 어려운 과정일지도 몰라. 그러니 시간을 충분히 들여야만 해.

물론 곧바로 대답이 나올 수도 있어.

아이돌 가수가 되고 싶어. 세계 여행을 하고 싶어. 당뇨병 치료제를 개발할 거야. 스쿠버 다이빙을 해 보고 싶어. 학교생활을 좀 더 잘하고 싶어. 내 생각을 좀 더 분명히 말하고 싶어.

어쩌면 아무 대답도 생각나지 않을지도 모르지. 그래도 괜찮아. 지금부터 생각해 보면 되니까.

이제, 네가 바라는 것들과 꿈꾸는 게 뭔지 탐험하게 될 거야. 어떻게 할 거냐고? 네가 가볍게 했던 말이나 농담으로 던진 말, 아니면 스스로에게조차 비밀로 했던 것들, 그리고 아직 발견되지 않은 너의 생각들을 다시 한 번 기억해 내고 잘 들여다보는 거지. 그러면 네가 꿈꾸고 있던 것들이 선명하게 드러날 거야. 그래서 이번 장의 제목이 '내가 진짜로 원하는 것 발견하기'야. 부모님이나 선생님, 학원 선생님이나 운동부 감독님, 친구들이 바라는 게 아니야. 광고나 방송에서 강요하는 것들도 아니야. 이건 오로지 '네가 지금, 오늘, 여태껏 원해 왔던 것'에 관한 거야.

자, 시작하기 전에 책 뒤에 있는 부록 1번 '나에게 영감을 주는 것들'에 대답해 보자. 그 질문에 답하다 보면 너를 자극하고 영감을 주는 게 어떤 것들인지 더 쉽게 알아낼 수 있을 거야.

부록 2번은 꿈을 찾는 친구들에게 도움이 될 만한 질문들을 모아 놨어. 질문에 답을 하다 보면 자신이 진짜 원하는 게 뭔지 찾아갈 수 있을 거야. 모든 질문에 답을 적어도 되고 마음을 움직이는 질문에만 대답해도 괜찮아. 혼자서 고민해 봐도 되고 친구들과 함께 토론하듯이 이야기를 나눠 봐도 좋아.

 타고난 재능이나 잘하는 일이 있니? 재능과 상관없이 네가 좋아하는 일은 뭐야? 어떻게 하면 재능이나 능력을 계속해서 쓸 수 있을까? 목표 기록장의 생각 일기에 네 생각이 뻗어나갈 수 있도록 적어 보자.

20×20 : 20살까지 20가지 이루기

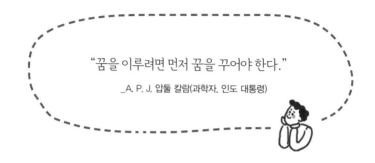

"꿈을 이루려면 먼저 꿈을 꾸어야 한다."

_A. P. J. 압둘 칼람(과학자, 인도 대통령)

어때? 너의 꿈에 가까워지기 시작한 것 같아? 그럼 이제 '20살까지 20가지 이루기' 목록을 만들 차례야. 먼저 부록 3번을 스캔해서 인쇄하거나 복사해서 목표 기록장에 붙여. 그런 다음 네가 언젠가 되고 싶은 것, 하고 싶은 것, 갖고 싶은 것들로 목록을 채우는 거야. 5분 안에 최대한 빨리 적어 봐.

최소한 10개는 채우도록 노력해 봐. 네 마음속에 있는 것들을 적어 나가는 거야. 어떻게 이뤄야 할지에 대한 걱정은 일단 접어 둬. 대신 시간이나 재능, 돈, 의욕, 다른 사람의 도움까지 필요한 건 무제한으로 쓸 수 있다고 상상해 봐. 네 생각이 바보 같아 보일까 봐, 혹은 터무니없이 허황돼 보일까 봐, 아니면 너무 사치스러워 보일까 봐 걱정할 필요 없어. 다만 가치가 없거나 너무 사소한 꿈에 매달리면서 스스로를 옥죄는 건 절대 안 돼.

사실 꿈이라는 건 우리 생각에 달렸어. 100배로 부풀릴 수도, 완전히 꺼트릴 수도 있는 거지. 사실 지금이야말로 꿈을 100배로 부풀릴 수 있는 완벽한 순간이야. 이건 괜한 허세가 아니야. 이런 생각이 없으면 어떤 꿈도 싹을 틔우기 힘들어.

보통 꿈	100배로 부풀린 꿈
3개국을 여행한다.	아시아, 오세아니아, 아프리카 3개 대륙에 있는 나라를 여행한다.
대학교에 진학한다.	내가 원하는 대학교에 장학금을 받고 진학한다.
방을 깨끗이 청소한다.	평생 내 방을 깨끗이 치워 줄 청소 로봇을 개발한다.
게임을 더 잘하고 싶다.	전 세계를 여행하며 아이들에게 게임을 가르치는 선생님이 된다.

생각 일기

지금보다 더 어렸을 때, 너는 어떤 걸 바라고 꿈꾸었니? 지난 2년 동안 꿈이 어떻게 바뀌었어? 지난 6개월 동안에는 어떻게 바뀌었지? '너 자신'은 어떻게 바뀌었니? 2년 후에 너는 어떻게 바뀌어 있을까? 10년 후는 어떨까?

이런 변화들이 무엇을 말하고 있는지 생각해 봐. 어떤 변화들은 도움이 아니라 방해가 될 수도 있어. 그럴 때는 어떻게 하면 좋을까? 생각 일기에 네 생각을 솔직하게 적어 봐.

목표 달성가와 그들의 꿈

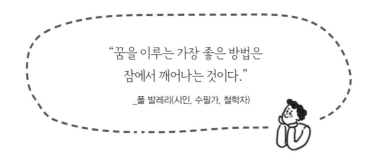

"꿈을 이루는 가장 좋은 방법은
잠에서 깨어나는 것이다."

_폴 발레리(시인, 수필가, 철학자)

여러 친구들이 자신들의 꿈을 써 봤어. 함께 살펴볼까?

"세계를 여행하며 힘든 사람들을 돕고 싶어." – 릴라(11)

"스카이다이빙을 하고 싶어!" – 제나(16)

"마술 트릭을 더 잘하고 싶어. 더 멋있는 트릭도 배우고 싶고." – 존(13)

"이번 학기가 끝나기 전에
 회전하며 뒤로 공중제비 넘기를 완벽하게 해내고 싶어." – 애비(17)

"이번 달까지 방학 숙제를 다 끝내고 싶어." – 베스티(13)

"파이 만드는 법을 배우고 싶어." – 맥스(12)

"수학 상급반으로 올라가고 싶어." – 매리언(11)

"교내 축구 시합을 촬영하는 드론 조종 선수가 되고 싶어." – 소렌(13)

"야구팀에서 홈런을 치고 싶어." – 노아(10)

"누나랑 더 사이좋게 지내고 싶어." – 크리스(12)

"아르헨티나에서 1년 정도 지내면서 스페인어를 배우고 싶어." – 엘레나(17)

"대학 첫 등록금을 내 손으로 마련하고 싶어." – 조든(17)

이 중에서 네 꿈과 비슷한 게 있니? 아니면 전혀 생각해 보지도 않은 꿈들이야? 네 생각을 다른 방향으로 움직인 건 어떤 생각이야? 이 중에서 너의 '20×20'에 추가하고 싶은 게 있니?

'20×20' 목록을 다 채웠으면 친구들과 이야기를 나눠 보고 친구들에게도 자기만의 목록을 만들어 보라고 해 봐. 그런 다음 각자 쓴 내용을 서로 돌려 보는 거야. 이 방법은 친구들의 꿈에서 또 다른 영감을 받을 수 있는 좋은 방법이야. 물론 너의 꿈이 친구에게 좋은 영향을 줄 수도 있지. 지금만큼은 서로의 아이디어를 슬쩍 가져와도 괜찮아. 친구가 쓴 것 중에 '맞다, 나도 그거 하고 싶었는데', '아하, 나도 그거 잘하지!' 싶은 것들이 있다면 목록에 추가해. 그렇게 계속 목록을 늘려 나가는 거야.

아직도 더 많은 영감이 필요하다고? 그렇다면 부록 4번 '꿈 인터뷰 질문지'를 펴 봐. 거기에 있는 질문들을 가지고 친구들과 꿈에 대해 서로 물어보고 체크해 주는 거야. 하다 보면 깜짝 놀랄지도 몰라. 그 시간에 배우는 게 엄청 많거든. 친구들과의 대화를 기록하려면 휴대폰 녹음 기능을 활용해도 좋지.

꿀팁

'버킷리스트'를 써 봐. 버킷리스트란 네가 되고 싶은 것, 하고 싶은 일, 이루고 싶은 것, 해 보고 싶은 것들을 담은 목록이야. 16살 메리는 버킷리스트를 휴대폰에 저장해 뒀어.

"내 버킷리스트에는 말도 안 되게 사치스러운 것도 있어. 인도 여행이나 유럽 배낭여행 같은 것들 말이야. 물론 집 근처 카페 둘러보기나 이번 학기에 전부 B학점 이상 받기 같은 단순한 것들도 있지만. 나는 수시로 목록을 들여다보면서 스스로에게 물어. 목표들에 더 가까이 가기 위해 어떤 걸 할 수 있을까 하고."

버킷리스트를 써 보자!

너에게 가치 있는 것들

"너 자신을 믿어라. 너 자신을 위해 생각하라.
너 자신을 위해 행동하라. 너 자신을 위해 말하라.
너 자신이 되어라."

_마바 콜린스(교육자)

꿈을 꾼다는 건 자신이 가치 있다고 여기는 것들이 무언지를 알아 가는 과정이기도 해. 가치 있다는 건 네가 진심으로 믿고 있는 것, 네가 마음 속 깊이 아주 중요하다고 여기는 것들이야. 그게 어떤 것들인지 알아채지 못한다 하더라도 그 가치들은 네 정체성과 네가 원하는 것들을 만들어 가고 있어. 물론 너에게 감동과 영감을 주는 것들도 큰 역할을 하고 있고. 가치 있다고 여기는 것들을 향해 한 발짝씩 발걸음을 뗄 때 그 가치들은 삶에 힘을 줄 거야.

네가 가치 있다고 여기는 것들이 뭔지 알아 가기 시작했다면 부록 2번 '꿈쟁이들에게 던지는 질문'을 꼭 활용해. 그중 2번 질문에 답을 해 보자.

만나 본 적은 없지만 존경하는 사람 세 명을 적어 봐. 연예인이나 종교 지도자, 운동선수, 예술가, 아니면 역사 속 위인도 좋아. 그들의 어떤 점이 훌륭하다고 생각하니? 어째서 그들이 너에게 특별한 거지? 네가 이렇게 답을 했다고 해 보자.

풋볼 선수 러셀 윌슨은 내 영웅이야. 러셀은 자기 자신을 믿을 줄 아는 사람이야. 사람들은 그에게 풋볼 선수가 되기엔 키가 너무 작다고 했지만 러셀은 꿈을 접지 않았어. 러셀은 미식 축구 리그에서 키가 가장 작은 주전 쿼터백이 되어 팀을 슈퍼볼 대회 우승 팀으로 이끌었어. 러셀은 다른 멋진 일도 많이 하고 있어. 병원에 있는 아픈 아이들을 찾아가기도 하고 청소년을 위해 기금을 마련을 하기도 해.

이 글에서 어떤 걸 알 수 있니? 표면적으로는 네가 스포츠를 좋아하고 실력이 아주 뛰어난 풋볼 선수를 좋아한다는 것, 너도 그런 성공한 선수가 되고 싶어 한다는 걸 알 수 있을 거야. 하지만 조금 더 깊게 들어가 보면 네가 자신감 있는 사람들을 존경한다는 걸 알아챌 수 있을 거야. 자신감이 있다는 건 자기 자신을 굳게 믿는다는 거야. 수많은 반대 의견과 역경이 자기 앞을 막고 있다 해도 말이야. 이걸 보면 너는 자부심과 자존감, 성실함,

51

건강한 위험을 감수할 수 있는 능력을 중요하게 여긴다는 걸 알 수 있어. 그리고 다른 사람들을 돌보고 도와주려는 마음도 아주 중요하게 생각하고 있어.

네가 선택하는 대부분의 것들은 네가 중요하게 여기는 것들이야. 네가 믿고 있는 것(혹은 믿지 않는 것)들은 네가 어떻게 시간을 쓸지, 누구와 시간을 보낼지, 어떤 활동에 얼마만큼의 에너지를 쓸지를 결정하는 데 도움을 주지. 만일 네가 가족과 가깝게 지내는 걸 중요하게 생각한다면 너는 가족들이 너를 필요로 할 때 부모님과 형제들 곁에 있어 줄 거야. 네가 지역 사회를 위해 일하는 것을 가치 있게 여긴다면 자원봉사를 하겠지. 네가 창의적인 가치를 중요하게 생각한다면 뭘 하든 남들과 다르게 생각하고 새로운 일을 시도하는 걸 좋아할 거야.

가치는 이처럼 네가 살아가는 방향을 잡아 줘. 가치관이라는 말 많이 들어 봤지? 가치를 보는 시각이라는 뜻이야. 네가 다른 사람들 혹은 다른 일과 어떤 관계를 맺고 있는지 알 수 있게 해 주는 게 바로 가치관이야. 가치와 연관된 단어들을 써 봤어. 잘 살펴봐.

- 가족
- 친구
- 학교 교육
- 지역사회
- 동물
- 환경

- 신념이나 정신력
- 문화
- 운동
- 음악
- 미술
- 무언가를 배우는 것

어떤 가치들은 네가 어떤 유형의 사람이 되고 싶은지, 다른 사람에게 어떻게 비춰지고 싶은지를 보여 주기도 해.

- 친절
- 노력
- 실력
- 다정함
- 도움이 됨
- 정직

- 신뢰
- 충성스러움
- 건강함
- 독립적
- 창의적

네가 가치 있게 여기는 것들을 정의하기 위해서는 부록 1번 '나에게 영감을 주는 것들', 부록 2번 '꿈쟁이들에게 던지는 질문', 부록 3번 '20×20'에 적은 것들을 다시 살펴봐.

이제 스스로에게 물어볼 시간이야.

'내가 진심으로 마음을 쓰는 건 누구지? 나에게 의미 있는 건 어떤 것들일까?'

이 질문에 대한 답 속에 네가 가치 있게 여기는 것들이 있어. 그리고 이런 가치들이 꿈을 만들고 그 꿈을 향해 나아가게 도와주는 거지. 다른 친구들은 어떤 가치를 중요하게 생각하는지 들어 볼까?

친구들이 자신의 가치 에 대한 이야기를 들려주겠대.

"사람들에게
무례하지 않게 행동하고
보살펴 주는 게 중요해."

– 켈시(13)

"나한테는 친절이라는 덕목이 중요해.
그래서 늘 웃고 먼저 인사하려고 노력해.
누군가 안색이 나빠 보이면
무슨 일이 있냐고 꼭 물어봐."

– 알렉(15)

"나는 노력과 열정을
중요하게 생각해."

– 잭(14)

"새로운 걸 시도해 보는 게
중요하다고 생각해.
그래서 하키를 시작했어.
선수로 선발되지는 못했지만
시도해 봤다는 것에 만족해."

– 벳시(13)

"내가 지금껏 한 일 중에 가장 어렵고
힘들었던 일은 다른 친구들을 괴롭히던
내 절친들에게 맞섰던 거야.
친한 친구를 잃었지만
그럴 만한 가치가 있는 일이었어."

– 안나(14)

"내가 가장 좋아하는 가치는
바로 인내야.
나는 어렵고 힘든 일을 할 때도
절대 포기하지 않아."

– 닉(17)

"나는 우리 반에서
가장 책을 많이 읽어.
사람들 앞에서 시 낭송하는 것도 좋아하고.
이런 나를 놀리는 애들도 있지만
난 이런 내가 정말 마음에 들어."

– 데이비드(12)

이 친구들의 가치관이 네가 생각하는 것과 비슷하니? 네가 무얼 믿고 있는지, 어떤 걸 가치 있게 여기는지 알아보는 데 도움이 됐으면 좋겠어.

부록 5번 '나에게 가치 있는 것'을 써 보면 너 자신에 대해 그리고 네가 가치 있다고 여기는 것들에 대해 더 잘 알 수 있을 거야. 다 쓴 후에는 필요할 때 찾아볼 수 있도록 목표 기록장의 목표 지킴이에 끼워 두자.

네가 중요하게 생각하고 가치 있다고 여기는 것들과 친구들의 생각이 어떻게 다르니? 네가 중요하게 생각하는 가치를 친구들이 어떤 식으로 응원해 주었어? 친구들이 네가 원하는 걸 찾을 수 있도록 도와줬어? 혹시 뒤에서 네 이야기를 하거나 너를 놀리는 친구들이 있니? 만약 그랬다면 기분이 어땠어? 그럴 땐 어떻게 해야 할까?

생각 일기 코너에서 이 질문들에 답해 보자. 그런 다음, 네 마음속에 있는 너만의 가치로 무엇을, 어떻게 하고 싶은지 '행동 수칙'을 적는 거야. 예를 들어 네가 친절함과 타인을 보살피는 걸 중요하게 생각한다면 이렇게 쓸 수 있을 거야.

- 매일 아침 가족들에게 웃으며 아침 인사를 한다.

- 모든 사람과 동물들에게 친절하게 대한다.

- 나와 생각이 다른 친구와도 대화를 시도해 본다.

꿈을 이끄는 가치관

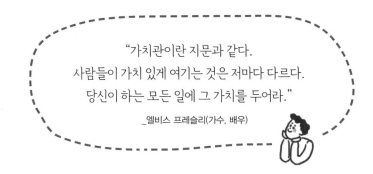

"가치관이란 지문과 같다.
사람들이 가치 있게 여기는 것은 저마다 다르다.
당신이 하는 모든 일에 그 가치를 두어라."

_엘비스 프레슬리(가수, 배우)

가치관은 삶의 기초를 만들어 줘. 꿈의 기초도 다져 주지. 모든 사람의 가치 관이 모두 다르고 독특하듯이 저마다의 꿈도 마찬가지야. 이제부터 카일리 와 쇼나를 만나 볼 거야. 두 소녀는 다른 사람들을 돕고 변화를 만들어 내는 일에 가치를 두는 친구들이야. 한때 암 환자였다가 치유된 카일리는 암과 싸우는 아이들을 돕고 싶어 해. 쇼나는 인권이 짓밟히고 있는 소녀들을 도 우려고 여러가지 일을 준비하고 있어. 나중에 대통령이 되는 게 꿈이지.

꿈을 이루는 시간

가치관과 꿈은 중요해. 그러니까 좀 더 깊이 생각해 보는 게 좋겠어. 우선 제일 좋아하는 음악을 틀어 놓고 눈을 감아. 그리고 지금이든 미래든 네가 원하는 게 정확히 무언지 스스로에게 물어보는 거야. 무엇이든 할 수 있고 어떤 것이든 가질 수 있는 기회가 생긴다면 넌 어떤 걸 선택할까? 왜 그걸 선택했지?

우선 네가 비교적 빨리 해낼 수 있는 일이 뭔지 생각해 보자. 설거지를 한다든지 사회 숙제를 끝내는 일, 아르바이트 지원서를 쓰는 일 같은 것 말이야. 그보다 조금 더 시간이 걸리는 일에는 뭐가 있을까? 완성하는 데 시간이 더 필요하거나 네가 좀 더 나이가 들어야 할 수 있는 일들이겠지. 내년 봄 학기 연극에 참가하거나 대학교에서 장학금 받기, 자동차 사기 같은 것들 말이야.

이제 이루어지려면 더 오랜 시간이 필요한 일을 생각해 봐. 너만의 첫 번째 음반 제작하기, 고생물학자 되기, 결혼 등등. 끝으로 그 모든 것 중에 가장 커다란 목표를 상상해 봐. 올림픽에 출전하기, UN 통역사 되기 같은 지금 생각하기엔 불가능해 보이는 꿈도 괜찮아. 지금은 막연해 보일지 모르지만 앞으로 그 꿈을 이룰 가능성은 점점 더 커질 테니까.

드림보드 만들기

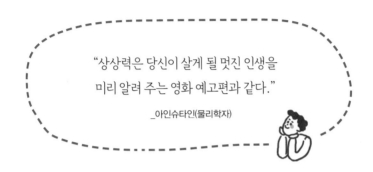

"상상력은 당신이 살게 될 멋진 인생을
미리 알려 주는 영화 예고편과 같다."

_아인슈타인(물리학자)

드림보드는 꿈에 좀 더 가까이 다가가고 꿈을 현실로 바꾸는 또 다른 방법이야. 드림보드란 바라고 꿈꾸는 것들, 가치관과 관련된 사진이나 명언들, 그림, 물건을 모아 두는 곳이야. 네가 하고 싶어 하는 일들로 만든 너만의 예술작품이라고 할 수 있지. 건축가들이 상상 속의 집을 설계도로 그려 내는 것과 같은 거야. 드림보드를 통해 꿈을 직접 보고 만질 수 있게 되면 꿈을 현실로 만드는 데 도움이 될 거야.

✔ 드림보드 만들 때 필요한 것들

- 잡지, 광고지, 브로셔 같은 인쇄물.
  사진이 많고 잘라 써도 되는 것이어야 해.

- 꿈과 관련된 작은 물건들.
  지도, 영화나 연극 티켓, 기타 피크, 스키 이용권 같은 것들이 있겠지.

- 직접 찍은 사진이나 그린 그림 한 점 이상

- 가위

- 풀이나 테이프

- 하드보드 지 같은 딱딱한 종이판

잡지나 광고지에 실린 사진 중에 네가 되고 싶거나 하고 싶은 것, 갖고 싶은 것들을 찾아서 오려. 네가 추구하고 싶은 가치관을 나타내는 사람이나 물건들의 사진도 함께 오리고. 예를 들어 작가가 되는 게 꿈이라면 네가 가장 좋아하는 작가의 사진을 오리는 거야. 또 네가 인내를 가장 중요하게 생각한다면 어려운 역경을 이겨 낸 사람의 사진을 찾아보자.

네가 좋아하는 성격이나 특징을 잘 나타내는 표현을 명언, 격언, 광고 문구에서 찾아봐. 예를 들어 '용감한', '지적인', '호기심이 많은' 같은 성격을 좋아한다면 그런 표현이 담긴 문구를 찾는 거야. 삶에 대한 철학이 담긴 말도 좋아. '더 나은 세상', '끊임없는 배움', '친환경적인' 같은 말처럼.

이런 방식으로 사진이나 명언, 물건들을 모아서 정리해. 자신의 꿈이나 가치관에 맞지 않는 게 있다면 과감하게 빼 버리고.

이제 드림보드를 완성해 보자. 먼저 네 사진을 하드보드 지 한가운데에 붙여. 그다음 좋아하는 사진이나 글, 물건을 네 사진 주위에 붙이는 거야.

드림보드는 머리맡에 놓아 둬. 아침에 일어나거나 잠들기 전에 수시로 볼 수 있게. 드림보드를 카메라로 찍어서 인화하거나 좀 작게 만들어서 목표 기록장에 붙여 놓을 수도 있고, 사물함이나 책상 앞에 붙이거나 가방에 넣고 다닐 수도 있어. 그럼 꿈을 잊어버릴 일은 없을 거야.

드림보드 를 만들어 본 친구들의 이야기야.

"난 언젠가 이루고 싶은
목표들을 모아 큰 드림보드를
만들어서 방에 걸어 뒀어."

– 와이와이(13)

"난 드림보드를 자주 만들어.
도전을 주는 사람들, 닮고 싶은 사람들,
명언 같은 것들을 모아서
만들고 좋은 생각이 날 때마다
새로운 드림보드를 만들어."

– 안나(14)

"난 수영을 정말 좋아해.
수영 선수들과 수영장 사진을
잔뜩 오려서 드림보드를
만들어 놓으면
정말 기분이 좋아져."

– 첼시(13)

"친구들이 SNS에 올리는
글 중에 기억에 남는 게 많아.
얼마 전에는 곰돌이 푸의 명대사를 봤는데
많이 와 닿아서 드림보드에 붙여 놨어."

'매일 행복하진 않지만
행복한 일은 매일 있어.'

– 토머스(13)

이제부터 시작이야!

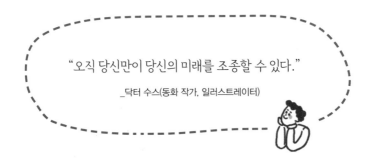

"오직 당신만이 당신의 미래를 조종할 수 있다."

_닥터 수스(동화 작가, 일러스트레이터)

지금까지 자신의 꿈과 가치관을 적어 보았고, 드림보드도 만들었어. 우린 지금 더 좋은 미래를 만들어 가고 있는 거야. 하지만 여기서 멈추면 안 돼. 계속 꿈을 꿔. 새로운 꿈이 생기면 목표 기록장에 적고 '20×20'에도, 드림보드에도 추가로 적어 넣어. 그 과정이 늘어 갈수록 꿈에 대한 의욕이 커지고 네가 가야 할 길도 점점 더 선명해질 거야.

　자, 이제 목표를 이룰 시간이야!

행동하는 꿈쟁이들

카일리는 자신의 가치관을 지지해 줄 목표를 세우는 게 얼마나 중요한지 잘 알고 있어. 카일리는 8살 때 암 진단을 받았어. 46주 동안 화학 치료와 방사선 치료를 받아야 했지. 카일리는 링거 대를 가지고 다니는 게 너무 싫었어. 링거 대는 무겁고 영 불편했거든. 링거 대에 연결된 선에 걸려 넘어지기도 했어.

몇 년 후 카일리는 완치 판정을 받고 학교에 다닐 수 있었어. 5학년, 과학 시간에 발명 수업을 듣고 있었는데 카일리는 뭘 만들어야 할지 금방 생각해 냈지. 카일리의 목표는 아이들이 화학 치료를 받을 때 조금 더 편하게 움직일 수 있게 도와주는 거였어. 카일리는 부모님의 도움을 받아 배낭을 만들어 냈어. 이 배낭에는 약품이 흘러 들어가는 양을 조절하는 장치와 약품 주머니를 보호하는 작은 철망도 달려 있어.

카일리의 선생님들이 이 배낭의 가치를 알아차리고는 발명품 대회에 배낭을 출품했고 입상을 했어. 그후 미국 전역에서 사람들이 기부금을 보내기 시작했고 모금액이 5만 달러(한화로 약 5,700만 원)를 넘었어. 이 돈은 배낭 제작비에 쓰였고 카일리는 자신의 목표가 현실이 되는 걸 지켜보며 이렇게 말했어.

"이제 무슨 일이든 해낼 수 있을 것 같아."

카일리가 가장 하고 싶은 일이 뭐냐고? 바로 사람들을 돕는 거야.

"암 병동에 있는 아이들에게 배낭을 기증하고 싶어. 그 아이들이 배낭을 사용하면서 웃을 수 있으면 좋겠어."

쇼나는 16살이야.

"예전부터 인권에 관심이 있었어. 특히 어린 여성들의 권리에 관심이 많아."

쇼나는 친구들에게 소녀들의 인권과 교육을 위해 힘쓰는 단체에 가입하도록 설득했어.

그 단체에서 열심히 활동하는 건 쇼나가 자신의 가치관을 실천하는 한 가지 방법이야. 물론 그 행동은 다른 사람들에게도 영향을 끼쳐. 그거야말로 쇼나가 오랫동안 원해 왔던 일이지. 쇼나는 대학에 진학해서 국제관계학을 공부할 생각이야.

쇼나와 단체는 학교 행사와 제과제빵 판매 같은 활동을 통해 5천 달러 이상(한화로 약 570만 원)의 기금을 모았어. 쇼나가 속한 지부는 이 기금을 방글

라데시에 보내서 40명의 소녀들을 도울 거야.

"한번 생각해 봐. 뉴욕에 사는 평범한 세 친구가 거실에 앉아 한 가지 결심을 했어. 그리고 18개월이 지난 지금, 우리는 지구 반대편에 있는 소녀들의 삶을 변화시키는 데 도움을 주고 있어. 그건 누구나 마음을 먹으면 어떤 일이든 해낼 수 있다는 뜻이야."

메레디스는 중학생 때 배구에 푹 빠졌는데, 응원석에 앉아 있는 것에 만족하지 않고 친구들을 모아 배구 팀까지 만들었어. 그즈음 메레디스는 배구와 관련된 목표를 세웠어. 처음에는 '매일 배구 연습하기', '네트 넘겨 서브하기' 같은 단순한 것들로 채웠어. 그러다 실력과 자신감이 늘자 목표도 함께 커졌어. 메레디스가 고등학교에 진학했을 때의 목표는 청소년 배구 대표 팀에 뽑히는 거였어.

여름방학에는 블로킹만 연습했어. 온몸이 으스러질 것 같았지만 포기하지 않고 힘든 훈련을 잘 견뎠지.

"내 노력을 감독님이 알아보신다면 나를 청소년 배구 팀에 뽑아 줄 거라는 확신이 있었어."

얼마 후, 정말 그런 일이 일어났어.

"첫 목표는 청소년 배구 팀 연습생이었어. 쉽지는 않았지만 연습생이 되었고 정말 열심히 훈련했어. 그런데 시즌 초반에 감독님이 경기에서 뛰어

보라고 하셨지. 하늘을 나는 기분이었어."

메레디스는 경기에서 활약을 펼쳤어.

"그동안 힘들게 해 온 훈련이 헛되지 않았어. 내가 팀에 잘 어울린다는 걸 증명해 낸 거지." 물론 감독님도 그 말에 동의하셨어.

"모든 팀원들이 보는 앞에서 감독님이 말씀하셨어. 나를 청소년 배구 팀 대표로 정식 기용하실 거라고. 그게 바로 내 꿈이었는데, 내가 이룬 거야!"

미래로 가 보자. 지금은 2050년이고 너는 오랜 시간 꿈꿔 왔던 일을 방금 전에 이뤄 냈어. 생각 일기를 펼치고 이 꿈을 기록하고 있는 지금의 어린 너에게 편지를 써 보자. 애정 어린 조언과 격려 잊지 말고!

part
3

목표 달인이
되는 법

장기 목표와 단기 목표

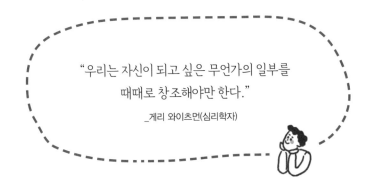

"우리는 자신이 되고 싶은 무언가의 일부를
때때로 창조해야만 한다."

_게리 와이츠먼(심리학자)

2부에서 네가 바라는 것과 꿈을 이끌어 내는 방법을 알아봤어. 그렇다면
이제부터는 뭘 해야 할까? 그건 바로 '행동'이야.

무언가를 꿈꾸거나 바라기만 해도 멋진 미래를 만들 수 있다면 정말 좋
겠지. 하지만 인생이 그렇게 호락호락할 리가 없어. 꿈을 현실로 만드는 건
누가 해 주는 게 아니라 온전히 네 몫이야. 완전 부담스럽다고? 걱정할 필요
없어. 우리에겐 '목표'라는 게 있으니까.

목표란 꿈에 '어떻게' 다가가야 할지를 알려 주는 열쇠와 같아. 여동생을
친구 집에 데려다 준다거나 역사 숙제를 하는 것, 좋아하는 시리즈의 책을

모두 읽는 것 같은 목표는 하루나 일주일, 한 달 안에 해낼 수 있을 거야. 이런 걸 단기 목표라고 해.

그런가 하면 더 긴 시간과 노력, 열정을 쏟아야 하는 목표도 있어. 내년 테니스 경기에서 MVP 선수 되기, 대학 졸업하기, 혹은 외국어 유창하게 구사하기 같은 것들이겠지. 이런 건 장기 목표야.

보통, 장기 목표는 몇 개의 단기 목표로 나눌 수 있어. 그렇게 하면 목표를 달성하는 데 도움이 되거든. 말하자면 단기 목표가 장기 목표의 버팀목이 되어 주는 거지. 그렇지만 단기 목표가 장기 목표를 위한 단계인 것만은 아니야.

예를 들어 친구가 놀러 오기로 한 시간까지 숙제를 끝마치겠다든지 하루 종일 가족과 시간을 보내겠다는 단기 목표는 그 자체로도 하나의 목표가 되지.

단기 목표를 자주 세우고 달성하다 보면 목표에 대한 감각을 키울 수 있어. 그리고 목표 세우는 게 만만해질 거야. 일단 한 번 목표를 이룰 수 있다는 걸 스스로에게 증명하고 나면 그보다 더 많은 시간과 노력이 드는 도전적인 목표를 세우고 싶을걸.

꿀팁

단기 목표만 세우려고 하면 안 돼. 장기 목표를 이루려면 더 오래, 더 힘들게 노력해야 하지만 그래도 장기 목표를 세우는 건 아주 중요해. 왜냐하면 장기 목표는 단기 목표를 결정하는 능력을 키워 주거든.

장학금을 받고 대학에 입학해 엔지니어링을 공부하겠다는 장기 목표를 세웠다고 해 봐. 장학금을 받으려면 성적이 좋아야 한다는 건 알고 있겠지. 그러면 지금 열심히 공부해야 할 거야. 그런데 내일 수학 시험이 있어. 그럼 오늘 밤, 뭘 해야 할까? 30분간 빈둥대는 대신 수학 문제를 풀어야 하겠지. 네가 선택한 이런 단기 목표들을 통해 장기 목표에 한 걸음 더 가까이 다가갈 수 있는 거야.

행동하는 꿈쟁이들

"어렸을 때부터 우주 비행사가 되고 싶었어. 화성에 꼭 가 보고 싶거든."

17살 애비의 목표는 화성에 가 보는 거야. 대부분의 사람들에게 화성에 가겠다는 꿈이나 목표는 와닿지 않겠지만 애비에게는 구체적이고 중요한 장기 목표야. 애비는 수년 동안 그 목표를 이루려고 노력했어. 정신력 훈련을 위해 명상을 하고, 신체 훈련을 위해서는 수영과 다이빙, 체조를 하고 있지. 학교 공부도 열심히 해.

지난 야구 시즌 마지막 경기였어. 데이비드는 우익수였고 그 경기에서 결정적인 역할을 했어.

"내가 잘해낼 거라고 믿는 사람은 많지 않았지만 난 꿋꿋이 연습했어. 지난 시즌 마지막 경기에서 타자가 공을 쳤고 공이 오른쪽 잔디밭으로 떨어졌지. 나는 미친 듯이 달렸고 잽싸게 공을 잡아 2루로 던졌어. 결국 타자는 아웃됐고 우리 팀이 승리했어. 내 노력이 헛되지 않았다는 걸 증명해 낸 거야."

SMART한 목표 세우기 :
Savvy, Measurable, Active, Reachable, Timed

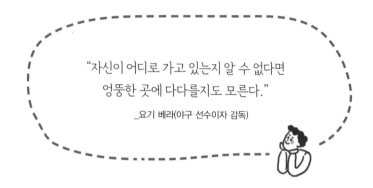

"자신이 어디로 가고 있는지 알 수 없다면
엉뚱한 곳에 다다를지도 모른다."

_요기 베라(야구 선수이자 감독)

목표를 장기, 단기로 구분하는 건 목표를 정하는 데 대단히 중요한 부분은 아니야. 그보다 중요한 건 장기든 단기든 목표를 SMART하게 세우는 거지. SMART가 무슨 뜻이냐고?

S: Savvy	실용적이고 알기 쉬운 목표
M: Measurable	측정 가능한 목표
A: Active	능동적이고 활동적인 목표
R: Reachable	이룰 수 있는 목표
T: Timed	기한이 정해져 있는 목표

Savvy

알기 쉬운 목표는 이해하기도, 실행하기도 쉬워. 모호하고 복잡한 목표는 세우지 않는 게 좋아. 목표를 알기 쉽게 세우려면 그 목표가 자신에게 중요해야 하고 긍정적이어야 해.

우선 네가 중요하게 여기는 가치들과 관계가 있어야 그 목표가 의미 있게 느껴져. 긍정적인 목표를 세워야 성취감을 느낄 수 있고. 누구든 부정적인 목표를 이루는 것보다 긍정적인 목표를 이룰 때 더 즐거움을 느끼거든. '정해 놓은 휴대폰 게임 시간을 넘지 않기!'라는 부정적인 목표보다는 '베이스 기타 연습하기' 같은 긍정적인 목표가 훨씬 좋잖아. 그리고 그 목표가 다른 사람이 아닌 자신이 원하는 거라면 더욱 이루고 싶고 이루기 쉬운 목표가 되겠지.

> "친구들과 가족들에게 하루에 한 번 이상 칭찬하기." – 에이미(13)

Measurable

측정 가능한 목표란 이루고자 하는 게 무엇인지 정확히 정의할 수 있는 목표를 말해. 휴대폰 게임 30분 하기, 1시간 공부하기, 1킬로미터 걷기 같은 목표는 측정이 가능하지. 목표를 잘 세우고 꼭 이루고 싶다면 목표의 결과를 가능한 한 구체적으로 설정하면 돼.

> "하루에 세 줄 쓰기." – 에이버리(17)

Active

능동적이고 활동적인 목표는 막막한 상황에서 뭘 해야 할지 알려 줘. '배 타기, 노래하기, 스키 타기' 같은 활동을 나타내는 말들이나 '~를 하자!'라고 표현할 수 있는 목표를 세워서 실행에 옮기다 보면 앞으로 쭉쭉 나아가는 너를 발견할 수 있을 거야.

또 능동적인 목표는 '내가 스스로 무언가를 하고 있구나!'라는 확신을 줘. 다른 사람이 아닌 자기 마음이 시키는 일을 할 때 그게 무슨 일이든 재미있게 할 수 있는 것 같아. 능동적인 목표는 목표를 세우는 데 그치지 않고 실제로 행동할 수 있게 하는 힘이 있어.

> "다음 학기에는 풀코스 마라톤에 도전할 거야." – 벳시(13)

Reachable

열심히 하면 언젠가 도달할 수 있는 목표를 말해. 현실적으로 이룰 수 있는 목표는 너를 한계 안에 가두지 않고 자유롭게 만들어 줘.

이룰 수 있는 목표인지를 알아보려면 지금 자신의 상황을 살펴볼 필요가 있어. 스스로에게 묻는 거지. "한 달에 만 원을 저축할 수 있을까?" 그리고 또 물어봐. "목표로 삼을 만한 금액인가?" 너무 쉬운 목표는 금세 시들해져 버리거든.

> "이번 학기 목표는 내신 등급을 2등급 올리는 거야." – 안나(14)

Timed

목표에는 마감 기한이 있어야 해. 마감이란 무언가를 '끝냈다'고 말할 수 있는 시간이나 날짜를 말해. 오전 7시까지, 수요일까지, 학기가 시작하기 전까지, 내 생일까지…. 이런 마감 기한이 있으면 목표에 더 집중할 수 있어. 제출 기한이 있는 학교 과제를 더 열심히 하게 되는 것과 같아.

> "연극 대사를 다음 주 금요일까지 완벽하게 외울 거야." – 알렉서스(13)

Savvy
실용적이고 알기 쉬운 목표

비켜라 꼬꼬

"일찍 일어나기"

Measurable
측정가능한 목표

"독서! 하루에 한페이지 읽기"

Active
능동적이고 활동적인 목표

"청소하기"

Reachable
이룰 수 있는 목표

경기도 화성

"우주여행하기"

Timed
기한이 정해져있는 목표

관우

"이 술이 식기 전에 돌아오겠소"

SMART한 목표로 탈바꿈하기

처음 'SMART한 목표'를 세울 때는 어려워서 포기하고 싶거나 애써 만들어 놓고 보니 '그저 그런 목표'여서 실망을 할 수도 있어. 하지만 괜찮아! '그저 그런 목표'를 'SMART한 목표'로 바꾸는 방법도 있으니까. 몇 가지 예를 들어 볼게.

Savvy 실용적이고 알기 쉬운 목표 만들기

그저 그런 목표	농구 시합할 때 실력 없는 선수처럼 보이지 않기(그런 모습을 보면 아빠가 화내실 테니까).
왜 그저 그런 목표일까? 그럼 어떻게 해야 하지?	실력 없는 선수처럼 보이고 싶지 않은 건 이해가 가. 하지만 이 목표는 실제적이지 않아. 열정이 느껴지지도 않고 긍정적이거나 개인적인 목표도 아니야. 아빠 때문에 잘하려고 하는 건 자신을 위해 잘하려는 것과 달라. 네가 중요하게 여기는 걸 다시 생각해 보고 너에게 의미 있는 목표를 만들어 보자.
SMART한 목표	일주일에 3번, 20분씩 아빠에게 농구 연습을 도와 달라고 부탁드리자. 그러면 다음 시즌에 최소한 한 번은 선발 선수로 뛸 수 있을 거야.

Measurable 측정 가능한 목표 만들기

그저 그런 목표	좀 더 건강해지자.
왜 그저 그런 목표일까? 그럼 어떻게 해야 하지?	좋은 생각이야. 하지만 얼마나 건강해지는 걸 원하는지 측정할 수가 없어. 목표가 구체적이지 않기 때문이지. '건강해지자'라는 게 무슨 뜻이야? 매일 아침 식사를 거르지 않는다? 학교까지 버스를 타는 대신 걸어 다닌다? 자기 전에 꼭 이를 닦는다? 네가 이루고 싶은 걸 아주 구체적으로 정확하게 적어서 목표를 더 똑똑하게 만들어 봐.
SMART한 목표	밤 10시 이후에는 휴대폰을 보지 않고 바로 잔다.

Active 활동적인 목표 만들기

그저 그런 목표	더 나은 사람이 되자.
왜 그저 그런 목표일까? 그럼 어떻게 해야 하지?	더 나은 사람이 되겠다는 건 가치 있는 목표야. 하지만 이 목표에는 '~를 하자'라는 구체적인 행동 지침이 없어. '더 나은' 사람이 되기 위해서는 뭘 해야 할까? 책상 정리하기, 교실에서 친구들과 대화하기, 노숙자를 위한 봉사활동 하기 같은 많은 일들이 있을 거야. 네가 해야 할 행동을 정해 보고 능동적인 단어로 목표를 세워 보자.

SMART한 목표	매주 최소 2시간씩 방과 후 돌봄 봉사를 한다.

Reachable 이룰 수 있는 목표 만들기

그저 그런 목표	늘 C를 받던 화학 과목에서 A⁺를 받는다.
왜 그저 그런 목표일까? 그럼 어떻게 해야 하지?	이 목표를 정말 이룰 수 있겠니? 지금 네 점수가 A라면 가능하겠지. 그런데 수업시간에 선생님 말씀이 이해조차 되지 않는다면 어떨까? 일단 B학점을 목표로 삼는 게 더 좋겠어. 아니면 화학 과목 공부 시간을 늘리는 것도 방법이야.
SMART한 목표	다음 주 수요일까지 화학 스터디 그룹을 만들고, 남은 학기 동안 일주일에 두 번씩 만나 함께 공부한다.

혹시 '그저 그런 목표'를 세워 본 적 있어? 그렇다면 그때 기분은 어땠어? 목표를 수정해서 SMART한 목표로 바꿔 보는 건 어때? 여전히 그 목표에 관심이 있다면 지금 새롭게 바꿔 보고 그 목표를 위해 바로 다음 주까지 할 수 있는 일 3가지를 적어 봐.

Timed 마감 기한이 있는 목표 만들기

그저 그런 목표	새 자전거를 사야지.
왜 그저 그런 목표일까? 그럼 어떻게 해야 하지?	이 목표에는 정해진 기한이 없네. 제출 날짜가 정해지면 뭐든 책임감 있고 빨리 진행하고 싶은 마음이 들어. 목표에 정확한 마감 날짜가 있다면 그것만으로도 동기부여가 돼. 목표와 마찬가지로 마감 날짜도 구체적이어야 해.
SMART한 목표	다음 생일 전까지 용돈을 모아서 새 자전거를 산다.

'SMART한 목표'를 계속 기억하고 싶다면 부록 6번 'SMART 카드'를 인쇄하거나 스캔해서 목표 지킴이에 붙여 봐. 아니면 카드를 잘라서 예쁘게 꾸민 다음 코팅해서 책갈피로 쓰거나 지갑에 넣어 다닐 수도 있어. 휴대폰 바탕화면에 저장해서 매일 보는 것도 좋고.

다양한 모양과 크기의 목표들

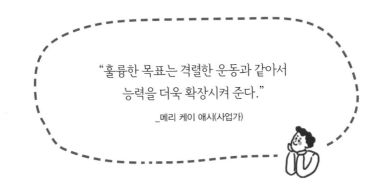

"훌륭한 목표는 격렬한 운동과 같아서
능력을 더욱 확장시켜 준다."

_메리 케이 애시(사업가)

'어디에든 쓸 수 있는 만능'이라는 말은 목표에는 적용하기 힘들 것 같아. 왜냐하면 세상에 완벽하게 똑같이 닮은 두 사람은 없거든. 공통점이 아주 많은 친구라 해도 너와 네 친구의 목표는 다를 수 있어. 그리고 설령 두 사람이 같은 목표를 갖고 있다 하더라도 각자의 목표에 다가가는 방법은 저마다 다를 거야. 네가 시간이 오래 걸리는 장기 목표를 세운 반면, 친구는 단순한 단기 목표를 세우고 거기에 매진할 수도 있어. 목표가 크든 작든 혹은 그 중간 크기이든 중요한 건 자신에게 딱 맞는 크기여야 한다는 거야.

목표를 달성해 본 친구들은 목표를 항목별로 나누는 게 도움이 된다는 사실을 알아. 이 친구들이 중요하다고 말하는, SMART한 목표를 반영한 항목들을 소개해 볼게.

이 중에서 네 삶에 적용하고 싶을 만큼 영감을 주는 목표들이 있을지도 몰라. 물론 아래에 소개되는 모든 영역의 목표를 한 번에 세울 필요는 없어. 한 항목에서 한 가지 이상을 목표로 삼아야 할 필요도 없고. 아래 항목을 보면 어떤 게 너에게 중요한지, 어떤 걸 목표로 삼으면 좋을지 판단하는 데 도움이 될 거야.

개인적인 일

- 매일 어려운 단어 한 개를 외운다.
- 이번 달 안에 SNS 사용법을 배워 활용한다.
- 일주일에 한 번 이상 체스 게임을 한다.
- 좋아하는 장르의 책을 한 학기에 한 권 이상 읽는다.

학교

- 이번 학기 안에 수학 성적을 10점 올린다.
- 고등학교에 다니는 동안 매해 적어도 한 번은 상위권에 들겠다.
- 9월까지 각 대학 건축학과 정보를 수집한다.
- 스터디 그룹에 등록한다.

친구관계

- 매일 아침 교실에 들어설 때마다 세 명 이상의 친구들에게 먼저 인사한다.
- 친구들의 생일에 직접 쓴 카드를 준다.
- 하루에 두 명 이상에게 외모보다는 다른 것으로 칭찬한다.
- 내가 말실수한 것에 대해, 미리 연습한 후에 친구들에게 사과한다.

가족

- 적어도 한 달에 한 번은 할머니, 할아버지와 시간을 보낸다.
- 매주 수요일 오후에 남동생과 함께 공원에 간다.
- 아빠가 심부름을 시키실 때는 기꺼이 한다.
- 친구들과 밖에서 시간을 보낼 때는 정해진 귀가 시간 안에 집에 돌아온다.

사회활동

- 이번 학교 연극제에서 좌석 안내원으로 봉사한다.
- 매 학기가 시작할 때 내가 더 이상 입지 않는 옷을 기증한다.
- 우리 아파트 단지 내 보도에 버려진 쓰레기를 치운다.
- 더 이상 읽지 않는 책을 학교 이동도서관에 기증한다.

운동

- 친구들과 하키 팀을 만든다.
- 100미터 달리기 개인 신기록을 세운다.
- 스트레칭 시간을 매일 기록한다.
- 작년에 해 보지 않았던 운동에 도전해 본다.

일

- 졸업하기 전에 3가지 아르바이트에 지원한다.
- 12월이 되기 전에 일하는 시간을 늘려 달라고 사장님께 건의한다.
- 새로 시작한 아르바이트의 첫 주가 끝나기 전에 일에 대한 매뉴얼을 작성해 본다.

돈

- 이번 달 안에 은행 계좌를 개설한다.
- 대학 등록금을 모으기 위해 이번 달에는 10만 원을 저축한다.
- 엄마가 여름 가족 휴가 예산 짜는걸 도와 드린다.
- 매주 푸드뱅크에 하루 점심 급식비만큼의 비용을 기부한다.

이렇게 목표를 분류해서 생각해 보는 건 삶의 여러 다양한 부분에 대해 예측해 볼 수 있는 좋은 방법이기도 해. 어떤 게 효과가 있을지, 어떤 건 별로일지, 또 발전시킬 수 있는 건 무엇일지 생각해 볼 수 있을 거야.

그런데 꼭 기억해야 할 게 있어. 모든 항목을 한 번에 다 할 필요는 없다는 거야. 모든 걸 한 번에 해치우려고 하면 엄청난 스트레스를 받을 수 있거든. 그보다는 한두 가지 중요한 일에 집중하면서 균형을 유지하는 게 좋아.

그리고 목표를 향해 돌진할 때는 여유 시간을 꼭 마련해 둬야 해. 충분한 수면, 친구와의 수다, 산책 같은 것 말이야. 예상하지 못한 상황이 들이닥칠 수도 있다는 사실도 늘 기억해. 아무리 고심하고 노력했더라도 비가 오고 눈이 오면 계획은 실패할 수 있어.

오른쪽에 있는 친구들의 이야기를 읽어 봐. 바쁜 와중에도 목표를 이룬 친구들의 금쪽같은 조언이야.

친구들이 목표 이루기 에 대한 이야기를 들려주겠대.

"나는 태권도와 명상을 하면서
몸과 마음의 균형을
맞추려고 노력해."

– 존(16)

"점수가 많이 떨어지는
과목이 없도록 전 과목을
골고루 공부하려고 해."

– 엘레나(17)

"할 수 있는 만큼 다 해 봤다는
생각이 들 때도 있어. 하지만 그럴 때도
조금 더 노력하려고 해. 또 가끔은
힘을 빼고 한 박자 쉬어 가기도 하고.
그렇게 하면 스트레스가 좀 사라지거든."

– 윌(12)

생각 일기

앞에서 살펴본 다양한 분야의 목표 항목을 자신과 연관 지어 생각해
보자. 혹시 한 영역에 너무 많은 노력을 쏟고 있지는 않니? 혹은 다른 부
분에 대해서는 생각할 틈도 없이 너무 바쁜 건 아닐까? 목표들의 균형
을 맞출 수 있는 방법 5가지를 생각해서 생각 일기에 적어 보자.

목표 세우기

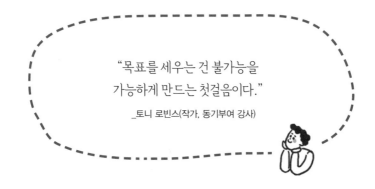

"목표를 세우는 건 불가능을
가능하게 만드는 첫걸음이다."

_토니 로빈스(작가, 동기부여 강사)

친구들이 세운 항목별 목표와 목표를 나누는 방법을 보고 감이 생겼을 테
니, 이제 목표 기록장을 꺼내서 목표 지킴이에 적었던 내용을 다시 읽어 봐.
생각 일기를 포함해서 목표 기록장에 썼던 모든 내용을 되새겨 보는 거야.
지금까지 적었던 걸 다시 읽어 보는 그 짧은 시간 동안, 꿈꾸던 것들과 소망
하는 것이 되살아나고 목표를 향해 나아갈 수 있는 힘이 생길 거야. 그리고
스스로에게 중요한 질문을 던질 수 있게 돼.

"내가 진짜로 목표로 삼고 싶은 건 뭘까?"

일단 뭐라도 떠오르면 부록 7번 '내가 진짜로 원하는 것'에 적어 봐. 그리고 이 양식을 목표 지킴이에 보관해 둬. 그렇게 하면 새로운 목표를 시작하려고 할 때 그 목록에서 원하는 걸 고를 수 있을 거야.

아직도 자신이 원하는 게 뭔지 정확히 모르겠다고? 그러면 너를 막고 있는 게 무언지 알아내야 해. 성공할 수 없을 것 같니? 엄마나 아빠, 혹은 주위 어른들이 네가 진심으로 이루고 싶어 하는 목표를 비현실적이라고 생각하실 것 같아? 원하는 무언가를 이룰 자격이 없다고 생각하니? 아니면 친구들이 어떻게 생각할지 걱정돼?

그렇다면 그 감정을 말이나 글로 표현해 보자. 네가 걱정하는 게 뭔지 파악하는 데 도움이 될 거야. 믿을 수 있는 누군가에게 그 내용을 편지로 써 보내는 것도 좋은 방법이야. 그렇게 네 생각과 감정을 정리해 보면 자신을 막아 선 것이 무엇인지 조금씩 보일 거야.

목표를 정할 때는 네가 진짜 원하는 걸 밀고 나가는 게 중요해. 지금껏 한 번도 해 보지 않은 일이라고 해서 제한할 필요 없어. 사람들이 가장 많이 후회하는 건 했던 게 아니라 해 보지 않은 무언가래. 다음에 나오는 '행동하는 꿈쟁이들'을 읽어 보자. 자신이 지금껏 생각조차 해 보지 않은 일에 푹 빠져 버린 친구들을 만날 수 있어.

행동하는 꿈쟁이들

존은 학교에서 가라테 시범 무대를 보고 나서 가라테의 매력에 푹 빠졌어.

"엄청 멋져 보였어. 그래서 부모님께 가라테를 배워도 괜찮은지 여쭤 봤지."

3년이 지난 지금, 존은 9개의 띠를 땄어. 이제 최종 목표까지 6개월 과정밖에 안 남았어!

쇼나는 고등학교 1학년 때 연극을 시작했어. "그때 난 연극이 인생의 전부라고 생각했어. 마치 운명 같았거든. 그러다 2학년 때 부모님이 육상을 해 보면 어떻겠냐고 말씀하셨어. 처음에는 고민이 됐지만, 곰곰이 생각해 보니 어렸을 때부터 나는 운동에 소질이 많았어. 그래서 주저 없이 육상을 시작했지. 지금은 연극하는 친구들, 운동하는 친구들 모두와 잘 지내고 있어."

데이비드는 학교 토론 모임에 가입했어. 다양한 주제에 대해 토론하는 걸 너무 해 보고 싶었거든. 그런데 연습 첫날, 담당 선생님이 토론 대신 시를 써 오라는 숙제를 내주셨어. 데이비드가 기대한 것과는 달랐지만 데이비드는 모임에 성실하게 참석했고 첫 번째 토론 대회에서 상위권에 오를 수 있었어.

다음 내용을 생각 일기에 5분 동안 자유롭게 적어 봐.
어떤 사람이 되고 싶니? 어떻게 살고 싶어?
네가 하고 싶은 일은 뭐야?
머리가 꽉 막혀서 아무 생각도 나지 않는다면 새로운 생각이 떠오를 때까지 그냥 '나는 ○○○가 하고 싶다'라는 말만 계속 적어 나가. 그다음 네가 원하는 것들이 네 가치관에 맞는지 스스로에게 묻는 거야. 만일 가치관에 어긋난다면 네가 진짜로 원하는 게 무언지, 왜 원하는지 조금 더 생각해 보자.

목표 사다리 실행 계획

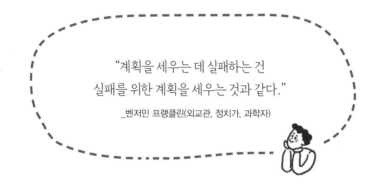

"계획을 세우는 데 실패하는 건
실패를 위한 계획을 세우는 것과 같다."

_벤저민 프랭클린(외교관, 정치가, 과학자)

사과 하나를 한 입에 먹어야 한다면 어떨까? 아마 어느 누구도 그렇게 못할 거야. 목표를 세우는 것도 마찬가지야. 목표를 세세하게 나누지 않고 통째로 세우면 제대로 실행하기 어려워. 그래서 전문가들은 목표를 향해 차근차근 단계를 밟아 나가라고 조언하지. 나는 그걸 '목표 사다리'라고 불러.

목표 사다리는 진짜 사다리처럼 계단을 하나씩 오를 때마다 더 높은 곳으로 갈 수 있게 도와줘. 계속 사다리를 따라 오르다 보면 결국 원하는 곳에 도달할 수 있을 거야.

이제부터는 부록 8번 '나의 목표 사다리'를 활용해 보자. 목표의 수만큼 양식을 복사해서 목표 기록장에 붙여. 그다음 아래 5단계를 따라해 보자.

1단계
목표 정하기

앞으로 며칠 후나 몇 주 혹은 몇 달 안에 이루고 싶은 단기 목표를 생각해 봐. 2년이나 10년 혹은 20년 후에 이루고 싶은 장기 목표도 함께 생각해 보고. 목표 기록장에 적어 두었던 '내가 진짜로 원하는 것'을 다시 읽어 보고 그중에 실행하고 싶은 한 가지를 골라 봐.

사다리를 오를 때, 첫 계단이 탄탄하면 사다리를 오르는 게 좀 더 수월할 거야. 목표도 마찬가지야. 목표가 네가 중요하게 여기는 가치관과 잘 맞물리는가가 목표의 첫 계단이라 할 수 있어. 목표 사다리를 점검해 보려면 부록 5번 '나에게 가치 있는 것'에 답한 것들을 다시 읽어 봐. 네가 세운 목표가 너의 가치관에 잘 들어맞니? 만일 아니라면 수정하면 돼. 그리고 그 목표에 얼마나 많은 시간과 노력을 쏟아야 하는지도 계산해 봐. 현재 상황을 고려해 봤을 때, 지금이 이 목표를 향해 가기에 적당한 시기인지도 생각해 봐야 해.

2단계
직접 적어 보기

목표를 정했다면 SMART한 목표가 되도록 만들어. 기억나지?

S: Savvy	알기 쉬운 목표
M: Measurable	측정 가능한 목표
A: Active	활동적인 목표
R: Reachable	이룰 수 있는 목표
T: Timed	기한이 정해져 있는 목표

아직 목표가 SMART 하지 않다면 고치면 돼. 그런 다음 '나의 목표 사다리'에 목표를 채워 넣자. 쓰다 보면 마음속에 목표를 선명하게 새길 수 있을 거야.

아이디어 떠올리기

목표 사다리의 맨 꼭대기에 오르기 위해 어떤 게 필요한지 스스로에게 물어보면서 아이디어를 떠올려 보자. '다음 단계로 가기 위해 필요한 건 뭘까?'

목표 기록장의 새로운 페이지나 목표 사다리 뒷면에 너만의 실천 단계를 적는 것도 좋아.

예를 들어 볼게. 네가 정한 SMART 목표가 다음 국사 시험에서 80점을 넘기는 거라고 해 보자. 그럼 실천 단계에 이런 게 들어가면 좋을 거야.

- 공부해야 하는 모든 내용의 목록을 만든다.
- 공부한다.
- 친구에게 문제를 내 달라고 부탁한다.
- 국사 스터디 그룹에 참여한다.
- 연습 문제를 푼다.
- 각 단원을 복습한다.
- 노트에 요점을 정리한다.
- 다음 시험을 대비해 어떤 부분을 주로 공부하면 좋을지 선생님께 여쭤 본다.

목표 사다리 작성하기

네가 쓴 실행단계를 한번 훑어봐. 불필요해 보이는 건 없애고, 비슷한 내용은 하나로 합치면 돼. 그다음 네 생각에 가장 적절한 순서대로 다시 써 봐. 수정한 목록을 예상하면 이럴 것 같아.

- 노트에 요점을 정리한다.
- 각 단원을 복습한다.
- 국사 스터디 그룹에 참여한다.
- 연습 문제를 푼다.
- 친구에게 교재에 있는 문제를 내 달라고 부탁한다.

그다음 목표 사다리 첫 계단에 첫 번째 실행 계획을 적어 넣어. 부록 9번에 예로 든 목표 사다리가 있어. 다양한 길이의 목표 사다리를 보면 어떻게 하는 건지 쉽게 알 수 있을 거야. 너만의 목표 사다리에 실행 단계를 배치할 때 참고하도록 해.

그 과정에서 잊지 말아야 할 사실은 사다리를 만들 때 반드시 따라야 하는 순서가 있는 게 아니라는 거야. 너한테 알맞은 순서로 단계를 설정하면 돼. 각 단계를 다 채운 뒤에는 단계별로 마감 기한을 정해서 옆에 적어 두는 거야. '매일 밤', '매주 월요일 방과 후'처럼 반복적으로 실행하는 것도 있을 테고 '다음 주 화요일까지', '올해까지'처럼 기한이 정해져 있는 것도 있어. 네가 감당할 수 있는 범위라면 어떤 것이든 괜찮아.

일정을 너무 촉박하게 잡아서 스트레스를 받거나 너무 넉넉하게 잡아서 잊어버리면 안 돼. 그리고 마감 기한은 다른 활동이나 약속과 겹쳐서도 안 돼. 그러니 다이어리나 계획표, 학교 시간표를 꺼내 놓고 실행 계획을 세울 때 참고하도록 해.

목표 사다리를 만들 때 몇 개의 계단으로 만들어야 하나 고민되니? 10개 정도가 좋아. 목표에 따라 더 적은 단계가 필요할 수도 있어. 장기 목표 같은 경우에는 더 많은 단계가 필요할 거야.
이런 큰 목표들은 부록 9번 '확장 사다리'를 활용해 봐. 하지만 목표가 너무 거창해서 단계가 너무 많으면 문제가 있을 수 있어. 할 게 너무 많아서 단계가 끝도 없이 필요하다면 그 목표에 대해 다시 한 번 생각해 보고 현실적으로 이룰 수 있는 게 어떤 건지 생각해 보자.
그렇다고 벌써부터 두려워할 필요는 없어. 연습할수록 목표 세우는 게 쉬웠던 것처럼 목표 사다리도 마찬가지야.

계단 오르기

머뭇거리지 마! 지금 당장 일어나서 목표에 다가갈 수 있는 아주 작은 일이라도 시작하는 거야. 일단 국사 책을 꺼내. 국사 필기 노트는 어디 있니? 그것도 꺼내 와. 이렇게 작은 일이라도 일단 시작하면 엔도르핀이 돌기 시작해. 뇌에서 기분 좋은 화학물질이 나오는 거지.

작은 것부터 시작하면 쉽게 성공할 수 있어서 다음 단계로 가기가 쉬워. 연구에 따르면, 가장 효과적인 동기부여는 그 일을 하는 과정이고 그 과정을 만드는 가장 확실한 방법은 일단 시작하는 거라고 해.

일단 목표 사다리를 완성했다면, 다음 3가지를 실천해.

✔ 약속해!

목표 사다리에 이름을 적고 사인을 해. 이 계약은 목표를 진지하게 생각하고 있다는 걸 보여 주는 자신과의 약속이야.

✔ 언제나 볼 수 있게!

목표를 잊지 않으려면 목표 사다리를 복사해서 책상에 붙여 두거나 학교 사물함에 보관해. 자주 볼 수 있는 곳이라면 어디든 OK!

✔ 소문을 내자!

목표 사다리를 공유하면 주위 사람들도 네가 목표를 이루기 위해 어떤 단계를 밟고 있는지 알게 되고 그것만으로도 목표에 대한 책임감이 생길 거야.

지금 막 네가 목표 사다리 맨 꼭대기에 다다랐다고 상상해 보자. 너는 지금 학교 신문 최신호를 폈어. 거기에 네가 이룬 것들에 대한 기사가 실려 있네. 생각 일기에 네가 지금 읽고 있는 기사가 어떤 내용이었으면 좋겠는지 상상해서 써 보자.

목표가 어떤 것이었는지, 도달하기 위해 어떤 과정을 거쳤는지, 그 목표가 왜 중요했는지, 그리고 기분이 어땠는지 모두 적어 보는 거야. 몇 문장으로 써도 좋고 장문의 기사여도 좋아. 아니면 인터뷰를 하듯이 셀프 동영상을 찍는 것도 좋을 것 같아.

목표 1 클리어

목표 2 클리어

목표 3회 5세트 클리어

크고 작은 목표들을
달성하며 단련된
나의 목표근!

행동하는 꿈쟁이들

와이와이는 6학년 때 학생회장이 되고 싶다는 목표를 이뤘어. 어떤 아이들에게나 인상 깊은 경험이겠지만 와이와이에게는 그 이상의 의미가 있었어. 5년 전 태국 난민캠프를 통해 가족과 함께 미국에 왔을 때, 와이와이는 영어를 전혀 할 줄 몰랐거든.

"친구들은 나를 무시했어. 영어를 못 했으니까. 어떤 아이들은 내가 절대로 영어를 잘하지 못할 거라고 했지. 하지만 신경 쓰지 않았고 이렇게 결심했어. '불가능하다고? 그 불가능한 일을 내가 해 보자.'"

와이와이는 바로 그 불가능한 일을 해냈어. 이제 와이와이는 영어를 완벽하게 말할 수 있어. 비결이 뭐냐고? 바로 목표 사다리야.

학교 회장이라는 목표에 도달하기 위해 와이와이가 만들었던 사다리 내용을 공개할게.

- 영어를 배운다.

- 영어 실력을 올리고 수학을 공부한다.

- 모든 과목에서 좋은 성적을 받는다.

- 리더십을 키울 수 있도록 노력한다.

- 사람들 앞에서 자주 발표하고 의견을 말한다.

- 전교 회장이 되어 학교를 발전시킨다.

굳은 결심과 노력, 그리고 일주일에 4번 과외 수업을 받은 덕에 와이와이는 목표 사다리를 차근차근 오를 수 있었어. 그 과정에서 위기가 여러 번 있었는데 바로 분노를 조절하지 못하는 것 때문이었어.

"예전의 나는 좋은 학생이 아니었어. 화가 나면 주체를 못 했거든. 사람들과 있다가도 울컥해서 화를 내는 일이 많았어."

그런 이유로 방과 후에 남아 벌을 받은 게 한두 번이 아니었어.

"다른 아이들의 모범이 되기 위해서는 화를 다스릴 줄 알아야 했어."

선생님들과 부모님, 친구들의 도움으로 와이와이는 감정을 다스리는 법과 넘치는 에너지를 새로운 목표로 바꾸는 방법을 배웠어. 와이와이는 주 대항 레슬링 대회에서 우승하기, 학교 장학금 받기, 학교에서 모범이 되는 학생 되기라는 새로운 목표를 세워서 실행하고 있어.

중학교 3학년인 스카이리는 초등학교 1학년부터 자기가 진짜로 되고 싶은 게 뭔지 알고 있었어. 그건 바로 수의사였어. 스카이리는 이 목표를 위해 목표 사다리를 차근차근 올라가고 있어.

스카이리의 첫 번째 세부 목표는 강아지를 키우는 거였어. 목표를 이루는 데 생각보다 시간이 걸리긴 했어.

"엄마는 나와 동생이 강아지를 돌볼 만큼 책임감이 충분하지 않다고 생각하셨어."

그래서 자기 힘으로 강아지를 돌볼 수 있다는 걸 증명하기 위해 돈을 모으기 시작했어. 용돈을 '강아지재단'에 모아 나갔지. 그리고 집안일을 더 열심히 도왔고 여동생과도 더 잘 지내려 노력했어.

스카이리가 6학년이 되었을 때, 강아지를 새 식구로 맞이했어. 그때는 목표 사다리의 다음 단계를 시작한 때이기도 해. 동물을 위해 일할 수 있는 방법을 찾는 게 바로 다음 목표였지. 이번에는 예상보다 빨리 목표를 이룰 수 있었어. 강아지를 동물병원에 데려갔는데 일손이 부족한 상황이었어. 엄마가 살짝 부추기는 바람에 스카이리는 자원봉사자로 지원했어. 그날 이후 스카이리는 방학이 되면 동물병원에서 견습생 생활을 하고 있어.

"수술하는 과정도 보고, X-레이 사진도 현상해 봤어. 아, 강아지 이빨을 뽑아 본 적도 있어. 강아지를 치료하는 과정을 직접 볼 수 있다는 게 정말 좋았어. 수의사가 되겠다는 목표에 더 가까이 가고 있는 거니까."

part
4

목표를 향해
전진하기

성공을 위한 10가지 전략

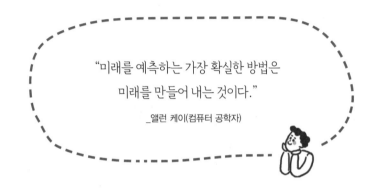

"미래를 예측하는 가장 확실한 방법은
미래를 만들어 내는 것이다."

_앨런 케이(컴퓨터 공학자)

이때까지 우리는 꿈을 찾아냈고, 목표를 세웠어. 그리고 목표 사다리까지 만들었지. 아직 사다리 첫 계단도 오르지 못했다고? 걱정하지 마. 지금부터 올라가면 되니까.

이제 하루하루를 어떻게 채워 나갈지 생각해 보자. 어떻게 하면 꿈의 궤도를 이탈하지 않고 목표를 향해 차근차근 올라갈 수 있을까? 사다리를 올라가는 데 도움이 될 10가지 전략을 준비했어.

전략 1 : 시간 관리하기

전략 2 : 자신감과 에너지 끌어올리기

전략 3 : 긍정의 힘 키우기

전략 4 : 성공을 상상하기

전략 5 : 도움 청하기

전략 6 : 도움의 손길 곁에 두기

전략 7 : 역할 모델 활용하기

전략 8 : 보상으로 동기 강화하기

전략 9 : 기록하기

전략 10 : 힘과 용기를 주는 말 하기

전략 1 : 시간 관리하기

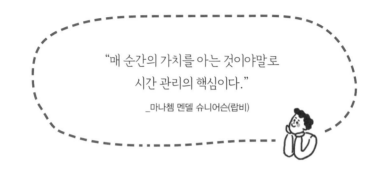

"매 순간의 가치를 아는 것이야말로
시간 관리의 핵심이다."

_마나쳄 멘델 슈니어슨(랍비)

하루를 분 단위로 바꾸면 1,440분이야. 너는 그 시간을 어떻게 쓰고 있니? 이렇다 할 특별한 일을 하는 게 아니라면 목표를 이루는 데 필요한 일이 아닌 다른 일을 하면서 시간을 허비하고 있는 걸지도 몰라. 혹시 입버릇처럼 '시간이 없는데', '나중에 해야지', '내일하면 되지 뭐'라고 하면서 지금 해야 할 일을 미루고 있는 건 아닌지 생각해 봐.

누구나 한두 번은 그럴 수 있어. 하지만 늘 시간에 쫓기거나 끝도 없이 변명해야 하거나 목표가 뭐였는지 기억나지 않을 정도로 계속 미루고만 있다면 원인이 뭔지 찾아보자.

- 혹시 잘 못 해낼 것 같아?

- 어떤 걸 먼저 해야 할지 잘 모르는 건 아니고?

- 결과가 나빠 누군가를 실망시킬까 걱정돼?

- '완벽한' 결과를 내기 위해 '완벽한' 타이밍을 기다리고만 있는 건 아닐까?

미루는 버릇이 있다는 걸 깨달았다면 고칠 방법을 찾는 게 중요해. 살다 보면 하기 싫은 일을 해야 할 때가 있어. 하고 나면 기분이 개운해질 걸 알면서도 정말 하기 싫을 때가 있지. 그럴 때 뇌에서는 고통과 관련된 부위가 자극을 받아. 그러면 뇌는 자연스럽게 다른 자극, 보통은 더 즐거운 자극 쪽으로 관심을 돌려서 고통을 멈추는 방법을 찾는대.

그런데 여기서 알아야 할 게 있어. 과학적으로 입증된 건데, 하기 싫어서 피해 왔던 별로 좋아하지 않는 일을 ─과학 숙제든, 빨래든─ '일단 시작하는 순간' 그 일이 뭐든지 간에 순식간에 그 고통이 사라진다는 거야. 잭이라는 친구가 직접 경험해 봤대.

"숙제나 기타 연습은 계획했던 시간만큼 하는 편이에요. 시작하는 게 힘들지 일단 시작하고 나면 그렇게 힘들지 않아요."

잭 말이 맞아. 시작하는 건 힘들지만 꼭 넘어야 할 산이기도 해. 이럴 때 쓸 수 있는 단순하지만 아주 효과적인 도구를 알려 줄게. 바로 타이머야.

휴대폰에 있는 타이머를 써도 되고, 주방에서 쓰는 타이머도 좋아. 30분 후에 알람이 울리도록 맞추고 가장 먼저 처리해야 할 일에 온 신경을 집중해 봐. 전화나 문자가 와도 무시하고, 잃어버린 볼펜을 찾지도 마. 친구한테 지금 무슨 노래 듣고 있는지 물어보지도 말고! 일단 지금 하고 있는 일에 온 신경을 집중해. 그리고 타이머가 울리면 잘해 낸 자신에게 작은 선물을 하는 거야. 가장 좋아하는 노래를 듣거나 SNS를 잠깐 할 수도 있겠지. 친구랑 5분간 카톡을 해도 좋아. 이렇게 집중해서 무언가를 끝낸 후에 짧게 쉬는 방식은 성취감을 느끼게 해 주고 일을 신속하게 끝마치는 데 효과적이야.

목표를 향해 매진할 시간이 없다고? 그렇다면 자신이 시간을 어떻게 쓰고 있는지 적어 봐. 공부하기, 운동부 훈련 참여하기, 가족과 식사하기 같은 중요한 일과 친구에게 문자 보내기, SNS 하기, 싫어하는 것에 대해 불평하기, 휴대폰 게임하기 같은 사소한 일까지 모조리 적어 봐. 때때로 이런 사소한 일들은 우리를 좀비로 만들기도 해. 5분만 쉬어야지, 했던 게 몇 시간이 지나 있기도 하니까. 어때? 써 놓은 결과가 마음에 들지 않는다면 그걸 바꾸도록 조금씩 노력해 봤으면 좋겠어.

행동하는 꿈쟁이들

15살 클레어는 공부에 집중하려고 휴대폰 타이머를 활용해. 예를 들어 사회 숙제를 할 때는 10분 동안 인터넷 기사를 찾는 거야. 그러다 알람이 울리면 기사 읽는 걸 멈추고 리포트를 쓰기 시작해.

"안 그랬다가는 종일 인터넷 서핑만 하다가 숙제는 손도 못 댈 거야."

18살 매들린도 휴대폰 타이머를 사용해.

"시험공부를 할 때는 1시간 공부하고 10분 쉬어. 공부 시간과 휴식 시간 알람을 정확하게 맞춰 두면 생각했던 일들을 어렵지 않게 끝낼 수 있지."

17살 프랭크는 매일 15분 동안 스트레칭을 해. 밤 9시 45분에 알람을 맞춰 놓고 15분 동안 스트레칭을 하는 거지.

"6개월 동안 매일 했더니 체중도 줄고 푹 잘 수 있어서 너무 좋아. 타이머에 맞춰서 움직이는 일들을 더 많이 하려고 해."

효과적인 도구 2개 더!

목표를 향해 전진할 수 있도록 도와주는 도구를 2개 더 알려 줄게. 하나는 '달력'이고 하나는 '할 일 목록'이야. 달력은 일간, 주간, 월간 일정을 한눈에 알 수 있게 해 줘. 달력에는 시험이나 숙제 일정, 약속, 생일, 다양한 활동 일정을 기록해 둘 수 있어. 물론 목표 사다리의 마감 날짜도! 일단 달력이나 다이어리를 쓰기 시작하면 일정대로 일을 진행해 가는 스스로가 대견하게 느껴질 거야. 그러면 시간을 더 잘 활용하고 싶은 마음이 생긴다구.

'할 일 목록'도 효과적인 시간 관리 도구야. 할 일 목록은 하루 단위나 주 단위 중 네가 편한 방식으로 만들면 돼. 목록을 학교, 목표, 집으로 분류해서 쓸 수도 있고 분류하지 않고 하나의 큰 목록으로 만들 수도 있지. 가장 쓰기 편한 방식으로 하면 돼.

만드는 방법은 간단해. 일단 해야 할 일을 생각나는 대로 적어 봐. 그다음 중요한 순으로 배열을 할 텐데 가장 중요한 내용이나 목표를 목록의 맨 위에 올려 두는 거지. 각각의 할 일을 끝내면 지워 나가. 목록에 지운 내용이 많아지면 아직 끝내지 못한 일들로 새로운 목록을 만들면 돼. 그렇게 하면 남은 할 일에 좀 더 집중할 수 있을 거야.

친구들이 계획 세우기 에 대한 이야기를 들려주겠대.

"한두 주 정도는 여유 있게
일정을 짜는 편이야.
그러면 예상치 못한 상황이 생겼을 때
일정을 쉽게 조정할 수 있더라구."

– 아이작(18)

"자기 전에 내일 할 일을
종이에 적어서 방문 앞에 붙여 둬.
다음 날 아침에 일어나면
뭘 해야 하는지를
바로 알 수 있어서 좋아."

– 와이와이(13)

"난 구글 달력을 써. 여러 개 항목으로 분류할 수도 있고 한 화면에
모아서 볼 수도 있거든. 나는 약속, 수업, 운동 항목으로 나눠서 쓰고 있어.
휴대폰이랑 컴퓨터에 연동해서 쓸 수 있어서 편해."

– 애비(17)

"난 공부할 때 계획표를 써. 깔끔하고 정리된 걸 좋아해서 해야 할 일을
모조리 적은 다음 옆에 체크할 수 있는 상자도 함께 만들어. 뭔가를 끝내
면, 거기에 체크하는 거지. 가끔은 여러 색깔의 펜을 쓰기도 해. 월요일까
지 해야 할 일은 빨강, 화요일이 마감인 건 주황…. 다 끝낸 일들에 체크할
때 기분은 말로 설명할 수 없을 정도로 좋아."

– 에이미(13)

꿀팁

'할 일 목록'을 만들 때는 하루의 중간이 아닌 일을 시작하기 전날 밤에 만드는 게 좋아. 연구에 따르면 할 일들을 미리 생각해 두면 잠재의식을 조종할 수 있다고 해. 방 정리를 하거나 샤워를 할 때, 심지어 잠을 자는 동안에도 잠재의식은 이미 할 일 목록의 일들을 처리하기 위해 움직이기 시작한다는 거야. 또 이런 목록을 만들면 뇌가 잡다한 일들을 착착 정리해 두기 때문에 숙제나 암기에 활용할 수 있는 뇌용량이 상대적으로 늘어난대.

성공률을 높이는 시간관리 비법

타이머, 달력, 할 일 목록 외에도 효과적인 비법 5가지를 더 알려 줄게. 이 비법만 터득한다면 미루기 선수들도 진짜 목표 달성가로 다시 태어날 수 있을 거야.

✔ 목표를 자주 들여다봐

네가 세운 목표를 하루에 한 번 이상은 떠올려 봐. 그리고 목표 사다리 다음 계단으로 올라갈 때나 목표를 달성했을 때 얼마나 기분이 좋을지 끊임없이 상상해 봐.

> "목표를 생각하지 않고 있을 때는 그냥 소파에 앉아 텔레비전을 보게 돼. 그런데 목표를 생각하고 있으면 목표와 관련된 무슨 일이라도 하게 되는 것 같아." – 잭(14)

✔ 지금 쓸 수 있는 시간을 활용해

목표를 이루기 위해 뭔가를 시작하고 싶다면 시간이 충분히 빌 때까지 기다리지 마. 수업 사이, 학원 가기 전 몇 분의 여유가 생긴다면 일단 시작해. 자투리 시간을 무시하지 마.

"난 차로 이동할 때 숙제를 하고 문제집을 풀기도 해. 축구 시합에 참가하려고 차를 타고 다니면서 짬짬이 공부를 해서 자격증을 딴 적도 있어." – 미카일라(15)

✔ 시간을 만들어

텔레비전을 보거나 휴대폰 게임을 하고 웹서핑을 하고 멍 때리면서 얼마나 많은 시간을 버리고 있니? 일주일에 한두 시간? 하루에 7~8시간? 이런 걸 할 시간이 있다면 목표를 이루기 위한 시간을 충분히 만들 수 있을 거야.

"컴퓨터 게임에 정신이 팔려서 숙제를 제대로 못 할 때가 많아서 엄마에게 컴퓨터에 비밀번호를 걸어 달라고 했어. 그 뒤로는 엄마가 비밀번호를 풀어 주는 주말에만 컴퓨터 게임을 해." – 카슨(15)

✔ '집중하고 달려!' 박차를 가해 줄 조언자를 구해

친구, 선생님, 부모님, 누구든 네가 움직이도록 도와줄 믿을 만한 사람을 찾아. 그 사람은 네가 목표를 이루기 위해 무언가를 할 수 있도록 자상하게 조언해 줄 거야.

"난 운동을 할 때 늘 엄마랑 같이 해. 엄마는 운동에 재미를 붙일 수 있게 의욕을 팍팍 불어넣어 주시거든." – 스카이리(14)

✔ '싫어'라고 말해

하는 일이 너무 많아서 시간 관리에 애를 먹고 있다면 이제는 목표를 이루는 데 방해가 되는 일들에 '싫어'라고 말할 때야. 내일 시험이 있다면 오늘 저녁에 영화 보러 가자는 친구의 제안을 거절해도 괜찮아. '저녁에 같이 공부하고 영화는 주말에 보러 가자'라고 하면 친구가 더 좋아할지도 몰라.

"축구부와 수영부 활동을 하는데, 너무 버거워서 수영부만 하기로 결정했어." – 첼시(13)

전략 2 : 자신감과 에너지 끌어올리기

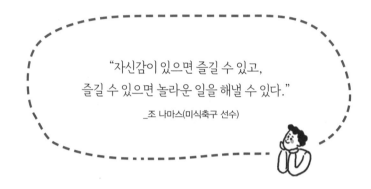

"자신감이 있으면 즐길 수 있고,
즐길 수 있으면 놀라운 일을 해낼 수 있다."

_조 나마스(미식축구 선수)

목표를 향해 돌진할 때, 꼭 필요한 게 있어. 바로 의욕과 열정, 그리고 융통성이야. 어떤 날은 아침에 눈을 뜨자마자 뭐든 할 수 있을 것처럼 온몸에 힘이 넘쳐나. 그런데 또 어떤 날은 방전된 휴대폰 배터리처럼 아무것도 못 하는 날이 있어. 그럴 땐 어떻게 해야 할까?

그럴 때는 자신에게 관심을 보여야 해. 너를 믿어 줘야 한다는 말이야. 자신감이 충만할 때는 올바른 선택을 하고 행동으로 옮기는 게 쉬워져. 반대로 자신감이 없는 날에는 아주 작은 일이라도 힘겹게 느껴지지.

자, 그럼 네 장점이나 재능이 뭔지 살펴보자. 조용하고 편안한 장소를 골라서 친한 친구 3~4명과 함께 모여 봐. 그런 다음 한 가지 활동을 할 텐데 바로 친구들의 장점을 서로 이야기해 주는 거야. 부록 11번 '다른 사람들은 나를 어떻게 볼까?'를 복사해서 나눠 줘. 그리고 각각의 친구들에게 돌아가며 간단하게 말해 주는 거야. 그 친구의 장점, 긍정적인 부분, 왜 그 친구와 함께 있으면 즐거운지, 어떤 때 감동을 받았는지. 진지하게, 진심 어린 마음으로 말해야 해.

네가 들을 차례가 되면 마음과 귀를 열고 경청해. 친구들의 말을 진심으로 받아들이고 잘 받아 적어. 친구들의 말에 토를 달거나 놀라거나 부정하지 않는 게 좋아. 그냥 있는 그대로 적는 거야. 공개적으로 이야기하는 게 싫다면 롤링 페이퍼처럼 종이를 돌려 가며 내용을 적어 주는 것도 좋아.

종이에는 친구들이 너에게 해 준 좋은 말들로 꽉 차 있을 거야. 그걸 목표 지킴이에 붙여 봐. 그리고 자신감이 없는 우울한 날에 그 부분을 다시 펴서 친구들이 해 준 따뜻한 말들을 되새겨 봐. 그럼 분명 기분이 나아질 거고 어쩌면 네가 몰랐거나 확신하지 못했던 자신의 좋은 점을 새롭게 발견할지도 몰라.

너의 강점과 장점을 스스로 깨치는 건 아주 중요한 일이야. 방법은 여러 가지가 있어. 먼저, 네가 잘하는 것과 스스로의 장점을 깨치는 게 중요해. 너 자신에게 편지를 써 보는 것도 괜찮은 방법이야. 네 재능에 대해 감사하는 편지를 써 보는 거지. 거기에 자신에게 마음에 드는 점 10가지와 이유도 함께 적어 보는 거야. 예를 들면 이런 거지.

"모험심이 강한 내가 좋아."
"춤을 잘 추고 에너지가 넘치는 내가 마음에 들어."
"남들과 다른 내가 좋아."

기운이 없는 날 다시 읽으면 자신이 얼마나 재능 있고 가능성이 큰 사람인지 알 수 있을 거야.

자신감을 충전해야 하거나 기운이 나게 할 뭔가가 필요해? 그럼 아래 나오는 것들 중에서 골라 시도해 봐.

✔ 가진 것에 감사해

크고 작은 감사거리들을 적어 봐. 기분이 처지거나 불안할 때 꺼내 읽는 거지. 가지지 못한 것보다 가진 것에 집중하면 감사의 마음으로 충만한 하루를 보낼 수 있을 거야.

✔ 좋았던 기억을 떠올려 봐

네가 받았던 칭찬 중에 가장 좋았던 것들을 적어 둬. (그리고 누군가 너에 대해 좋은 말을 해 주면 일단 믿어! 그리고 환하게 웃어 준 다음 이렇게 말하는 거야. '고마워. 나도 내 그런 점이 좋아.') 기억하고 싶은 순간들을 사진이나 동영상으로 남겨도 좋겠지.

✔ 걱정 따위 흘러가게 내버려 둬

걱정거리가 계속 마음속을 빙글빙글 돌며 어지럽히게 두지 말고 일단 목표 기록장을 집어 들고 신경 쓰이는 게 뭔지 적어 봐. 막상 종이에 옮겨 적어 보면 대수롭지 않게 여겨질 수도 있어. 문제를 적는 과정에서 해답이 찾아질 수도 있고. 그것도 효과가 없다면 믿을 만한 누군가에게 고민을 털어놓는 것도 좋은 방법이야.

✔ 다른 사람을 위해 좋은 일을 해

쓰레기 줍기, 설거지하기(심지어 아무도 안 시켰는데!), 친구의 고민 들어주기, 무거운 짐 나르는 걸 도와주기, 다 좋아. 타인에게 친절을 베풀면 만족감이 생겨. 그리고 스스로에게 좋은 감정이 생기면 목표를 향해 적극적으로 행동하고 싶어질 거야.

✔ 조용한 환경을 만들어

누구든 정신이 산만하면 집중하기 어려운 법이야. 아무리 집중하려고 해도 잘 안 된다면 주위의 잡음을 차단해야 하는 순간이야. 소리를 내는 전자 장비를 모두 끄거나 귀마개를 쓰는 것도 좋아. 조용한 공간으로 이동하는 것도 좋고.

✔ 일단 해!

몸은 한번 편해지면 계속 편한 걸 찾게 되어 있어. 마음도 마찬가지야. 그러니까 네가 마음먹었던 것보다 더 오래 쉬고 있다면 벌떡 일어나서 일단 움직여. 지금 당장! 손끝으로 발가락을 만져도 좋고, 자리에서 일어나기, 기지개 켜기, 뭐든 다 좋아. 춤? 그것도 좋지.

친구들이 우울함을 떨치는 법 을 알려 주겠대.

"어렸을 때, 아빠는
이 말씀을 자주 해 주셨어.
'컵에 물이 반이 있다면
반이나 차 있는 걸까,
아니면 반밖에 없는 걸까?'
난 기분이 처질 때면
스스로에게 그 질문을 던져. 그리고
긍정적으로 생각하려고 노력해."

– 벳시(13)

"나는 사진을 보면서 많은 생각을 해.
특히 일이 잘 안 풀리고 스트레스를 받을 때
옛날 사진을 들여다보고 있으면
내가 얼마나 멋진 삶을 살고 있는지
다시 생각하게 돼."

– 한나(16)

"성적이 엄청 떨어진 적이 있는데,
괴로워서 눈물이 났어.
그러다 문득 이건 그냥 한 번의
시험일 뿐이라는 생각이 드는 거야.
그게 내 인생 전부를 결정짓진 않잖아."

– 스카이리(14)

127

전략 3 : 긍정의 힘 키우기

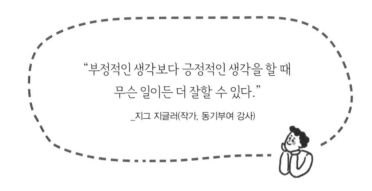

"부정적인 생각보다 긍정적인 생각을 할 때
무슨 일이든 더 잘할 수 있다."

_지그 지글러(작가, 동기부여 강사)

자신감을 높이기 위해 가장 필요한 건 긍정적인 생각이야. 근데 매사에 긍정적으로 지내는 것처럼 보이는 사람들도 가끔은 부정적인 생각에 휩싸일 때가 있어.

난 좀 모자란 것 같아   대체 뭣 때문에 이런 걸 해야 하지?

난 뭘 제대로 해 본 적이 없어   이번에도 실패할 거야

너도 이런 생각을 해 본 적 있을 거야. 내면의 목소리는 네 인생에서 무슨 일이 일어나고 있는지 생중계하는 뉴스 앵커 같은 거야. 대부분 이 내면의 목소리가 자신에게 얼마나 큰 영향을 미치는지 잘 몰라.

내면의 목소리가 모든 걸 부정적으로 말하는 '독설가'와 같다면 마음은 금세 부정적인 생각으로 가득 차서 에너지가 바닥나고 말 거야. 반면에 그 목소리가 너에게 긍정적으로 말을 걸어 주고 낙관적으로 이끌어 주는 '치어리더' 같다면 어떨까? 스스로에 대해 훨씬 더 좋게 평가하게 되겠지. 그게 바로 긍정적인 생각의 힘이야!

다음번에 네 안의 독설가가 불평불만을 쏟아 놓는다면 그 말에 귀 기울이지 마. 부정적인 생각을 무시하고 긍정적인 생각에 집중하는 거야. 물론 비판적으로 생각해야 할 때도 있지. 그럴 때도 네 존재 자체에 대해서는 긍정적이어야 해. 나는 균형 잡힌 생각을 할 수 있고 좋은 결론을 내릴 수 있다'고 생각하면서 세상을 보면 지혜로운 판단을 내릴 수 있을 거야.

쉽게 예를 들어 볼게.

무시해야 할 독설가의 말	집중해야 할 치어리더의 말
난 너무 바보 같아.	나는 ( )를 잘해.
나는 잘하는 게 없어.	다음번에는 더 잘할 수 있을 거야.
망했어.	실수했다고 세상이 끝나는 건 아니야.
왜 이걸 해야 해? 어차피 실패할 텐데.	한 번 더 도전해 볼 거야.
나는 제대로 하는 게 하나도 없어.	나는 내가 완벽하기를 기대하지 않아. 세상에 그런 사람은 없으니까.
해 봐서 잘 안 되면 그냥 관둘래.	일단 최선을 다해 보는 거야.

목표를 실행하는 데 어려움을 겪고 있다면 생각 일기를 꺼내 봐. 그리고 목표를 밀고 나가지 못하는 이유나 못 하게 만드는 이유들을 쭉 써 봐. 크든 작든 상관없어. 부정적인 생각, 두렵게 하는 것들을 전부 적어. 그러고 나서 그 목록을 찢어 버려! 부정적인 생각이나 두려움이 목표를 방해하게 내버려 두지 마.

긍정적으로 살고 싶다면, 삶의 구석구석을 들여다보면서 나쁜 것보다 좋은 점을 찾아내는 습관을 들여야 해. 미래를 결정짓는 데 큰 역할을 하는 건 바로 사고방식이야. 그건 네가 짐작하는 이상으로 중요해. 그리고 재능이나 돈, 인기보다 훨씬 중요하지. 스스로 좋은 결과를 낼 거라고 믿을 때는 문제해결에 적극적이 되고 마음을 다잡을 수 있어. 그러다 보면 어려운 시기를 헤치고 꿈꾸던 곳에 다다를 수 있을 거야.

긍정적인 자세를 유지하려면 3가지 조언을 명심해.

✔ 스스로를 응원해

'파이팅!'이나 '나는 할 수 있어!' 같은 말을 자신에게 자주 들려줘. 오글거린다고만 생각하지 말고. 실제로 해 보면 자신을 긍정적으로 보게 되고 의욕이 생길 거야.

✔ 다른 사람들의 응원은 힘이 세

다른 사람들의 격려를 아낌없이 누려. 응원을 받으면 숨어 있던 용기가 불쑥 솟아오를 거야.

✔ 그냥 내버려 둬

혹시 실수를 했다면(누구나 실수는 하는 거니까), 그 안에서 배울 수 있는
건 배우고 넘겨 버려. 실수나 실패에 연연하면 결코 목표를 이룰 수 없어.

좋지 않은 사고방식을 바꾸려는 노력은 계속해 나가야
해. 부정적인 생각을 긍정적인 생각으로 바꿨던 경험들
을 적어 봐. 10개의 부정적인 생각을 긍정적인 걸로 바
꾸는 데 성공했다면 자신에게 선물을 주는 것도 좋아.

자신을 믿어

자신에 대한 믿음은 긍정적인 자세를 유지할 수 있는 또 다른 방법이야. 확신에 찬 말을 적어 놓고 계속해서 반복하면 스스로를 공격하는 독설가의 목소리를 치어리더의 목소리로 바꿀 수 있어. 긍정적 확신이 어떤 건지 몇 가지 예를 들어 볼게.

> 나에게 좋은 일이 일어나는 건 당연해.
> 난 정말 창의적이야.
> 난 건강해.
> 나는 중요한 사람이야.
> 나는 이 일을 해낼 수 있어.
> 문제 해결에는 내가 최고지.

이제부터는 너에 대한 믿음을 더 강하게 해 줄 몇 가지 팁을 공개할게.

✔ 현재형으로!

자신에 대한 믿음은 현재형으로 말하는 게 좋아. 미래형으로 말하면 늘 그 결과가 언제 오나 기다려야 할 거 아냐. '나는 꼭 목표를 이뤄 낼 거야'가 아니라 이렇게 말해 보자. '나는 지금 목표를 향해 가고 있어.'

✔ 긍정적으로!

네가 가지지 못한 것보다는 원하는 게 무엇인지에 대해 말하는 게 좋아.

'앞으로는 밤늦게 자지 않을 거야'가 아니라 '나는 기운 찬 모습으로 매일 아침 일찍 일어나고 있어'가 더 좋겠지?

✔ 구체적으로!

목표랑 똑같아. 확신의 말도 구체적일 때 가장 효과적이야.

'여름방학에 아르바이트를 구한다'보다는 '이번 여름방학에는 나에게 가치 있는 일을, 내가 좋아하는 사람들과 함께하고 있다'가 훨씬 좋아.

방금 읽은 내용을 활용해서 생각 일기에 목표를 뒷받침해 줄 수 있는 자신에 대한 믿음 5가지를 적어 보자. 그다음 각각의 문장을 10번씩 반복해서 써 보는 거야. 매번 쓸 때마다 말에 더 강한 힘을 실어 가면서. 이 5가지 확신에 찬 문장을 매일 다시 써. 매일 아침 일어나자마자, 혹은 하루 중에 잠깐 짬이 날 때나, 매일 밤 자기 전에. 그렇게 하면 그 문장이 네 머릿속에 단단히 뿌리내리게 되고 매일 점점 더 강하고 튼튼하게 자라날 거야.

쓰고, 읽고, 노래하라

자신에 대한 믿음을 담은 문장은 메모장에 적어서 잘 보이는 곳에 붙여 놔. 거울, 침대 머리맡, 지갑 속, 학교 사물함 안도 좋고, 컴퓨터 바탕화면으로 써도 좋아. 그리고 온 마음으로 이해될 때까지 매일 여러 번 큰 소리로 읽어 봐. 그 말에 진심을 담아 소리 내어 읽는 거지. 머리로 의미를 생각하면서 말의 힘을 느껴 봐. 이 말을 스스로에게 계속 반복해서 들려줘. 스트레칭 할 때나 축구 할 때, 공부하기 전에도 해 보는 거야. 자주 반복할수록 그 말의 힘은 점점 더 강해질 거야.

써 놓은 문장을 휴대폰에 녹음해서 듣는 것도 좋은 방법이야. 아니면 좋아하는 노래에 가사를 붙여 봐. 귀에 착착 감기고 익숙한 노래라면 어떤 노래든 좋아. 그 곡에 스스로에 대한 믿음을 얹어서 불러 보는 거야. 그다음 몸을 자유롭게 움직이면서 노래를 불러 봐! 이 노래를 자주 부를수록 꿈은 더 단단해지고 꿈이 현실이 되는 날이 가까워질 거야.

노래를 부르거나 소리를 내는 게 조금 바보같이 느껴질 수도 있어(알아, 나도 그랬거든). 하지만 그런 거부감을 밀쳐 내면 그게 얼마나 굉장한 힘이 있는지 알고 놀라게 될 거야(내가 그랬던 것처럼). 혹시 도움이 필요하면 부록 12번 '나에게 힘을 주는 말들'을 참고해 봐. 문장 아래에 공간이 있으니까 따라 써 보면 좋을 거야. 그중에서 제일 마음에 드는 문구를 골라서 가지고 다녀도 좋아.

전략 4 : 성공을 상상하기

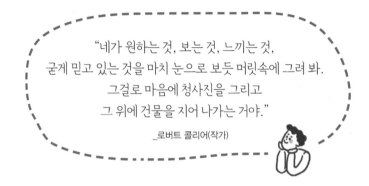

"네가 원하는 것, 보는 것, 느끼는 것,
굳게 믿고 있는 것을 마치 눈으로 보듯 머릿속에 그려 봐.
그걸로 마음에 청사진을 그리고
그 위에 건물을 지어 나가는 거야."

_로버트 콜리어(작가)

원하는 걸 눈에 보이듯 생생하게 떠올려 보는 '시각화' 작업은 목표를 이루게 하는 또 하나의 중요한 도구야. 복잡하게 생각할 것 없어. 집중하고 상상해 보면 되니까. 상상하는 순간 너는 이미 시각화 작업을 하고 있는 거야. 시험에서 1등 하는 상상, 수학경시대회에서 우승하는 상상, 너만의 사업을 시작하는 상상, 누군가를 돕는 상상. 그게 모두 시각화 작업이야.

시각화 작업은 미래를 마음속에 그려 낼 수 있게 도와줘. 마치 영화 시나리오를 쓰는 것처럼. 운동선수들이 차분하게, 겁먹지 않고 자신의 기술을 완벽하게 해내는 모습을 상상한다는 이야기를 들어 본 적이 있을 거야. 일

종의 마인드 컨트롤 같은 거지. 농구 선수들은 침대에 누워서 자유투 연습을 하고 스키 선수들은 길을 걸으면서도 산비탈을 타고 내려오는 상상을 해. 골프 선수들은 아침을 먹으면서 마음속으로 골프채를 휘두르지.

자, 이제부터는 너의 목표를 생각해 봐. 목표를 이뤄 가는 과정을 영화의 한 장면이라고 생각하고 그 장면을 그려 보는 거야. 배경, 소리, 냄새, 느낌뿐 아니라 꿈을 생생하게 보여 줄 수 있는 요소들을 전부 생각해 봐.

사람의 마음은 현재 빠져 있는 생각을 점점 더 키워 가는 경향이 있어. 그래서 시각화는 긍정적으로 해야 해. 너는 지금 '준비' 호령을 기다리며 숨을 고르고 있어. 출발을 알리는 총소리가 울리면서 '훅' 숨을 내쉬자마자 바닥을 차고 튀어 오르는 네가 보여. 너는 트랙을 따라 아주 힘차게 달려 나가 선두로 진입했어! 눈앞에 결승선이 보이네. 네가 1등으로 달려 들어가. 너는 승리의 기쁨에 두 팔을 들어 올려. 팀원들이 너에게 달려오고 너는 그들과 하이파이브를 해.

성공을 시각화하고 구체적으로 상상할수록 삶에 대한 의욕이 더욱 커지는 걸 느낄 수 있을 거야. 아침에 일어나면서부터 시각화를 해. 점심을 먹으면서도, 사물함을 열 때도, 방을 치우면서도, 친구들과 놀 때도 시각화를 해 보자. 잠에 빠져들 때도 하는 거야. 네가 잘해 나가고 있는 모습을 머릿속에 그려 봐. 스스로의 성공을 보고, 듣고, 느껴 봐. 시각화를 어떻게 해야 할지 아직도 잘 모르겠다고? 아주 쉬운 3단계 방법을 알려 줄게.

1단계
마음을 편안하게 해

조명을 낮추고 음악을 꺼 봐. 방해받지 않는 조용한 공간에 자리를 잡고 앉거나 누워서 긴장을 풀어. 깊은 숨을 세 번 정도 들이마시면서 아랫배가 빵빵해지는 걸 느껴 봐. 숨을 천천히 들이마시면서 '나는', 천천히 내쉬면서 '편안하다'라고 말해. 숨을 내쉴 때마다 근육의 힘을 풀어. 발끝부터 시작해서 머리끝까지 온몸의 긴장이 풀어지는 걸 느껴 봐. 숨을 쉴 때마다 조금씩 긴장이 풀어질 거야.

스스로에 대한 의심의 마음이나 부정적인 생각들은 멀리 떠내려가게 해. 숨을 내쉴 때마다 그런 것들이 네 몸에서 떠나가는 걸 느껴 봐. 그리고 그런 생각들이 점점 작아져서 완전히 사라질 때까지 계속 반복해.

2단계
상상력에 힘을 불어넣어

목표를 최대한 선명하게 머릿속에 그려 봐. 이 이미지를 마음속에 깊이 새겨. 그다음 네가 그 목표를 이루는 상상을 해 보자. 너는 지금 어디에 있니? 누구랑 함께 있어? 네 목표가 어떤 물건을 갖는 거라면 그 물건을 손에 들고 친구들에게 보여 주고 있다고 상상해 봐. 성취하고자 하는 일이 있다면 그 일을 즐겁게 하고 있는 모습을 상상해 봐. 마치 너의 목표가 이루어진 것처럼 네가 보고 듣고 냄새 맡고 맛을 느끼고 만질 수 있을 때까지 구체적인 부분까지 계속 만들어 나가. 감정을 함께 상상하는 것도 잊으면 안 돼. 미소 짓고 웃는 것, 기쁨의 눈물을 상상하는 건 목표를 더 선명하게 만들어 줘. 네가 이루어 낸 것들을 온전히 즐기고 음미하면서 마음속 영화가 적어도 5분 이상 상영되도록 계속 이어 나가.

3단계

너의 성공을 확신해

마음속 영화가 상영되는 동안 앞에서 적었던 자신에 대한 믿음을 되뇌어봐. 아니면 이런 말을 해도 좋아. "지금 나는 내가 하려던 바로 그 일을 하고 있어." 또는 "나는 내가 이룬 모든 것들과 나 자신이 자랑스러워."

한 가지 주의할 점! 성공을 마음속에 그려 보는 시각화를 하면 의욕이 살아날 수 있어. 하지만 네가 원하는 대로 결말이 나오지 않는다면 계속 그 생각을 이어 나가지 마. 대신 새로운 마음속 영화로 갈아타는 거야.

행동하는 꿈쟁이들

12살 데이비드는 낚시를 좋아해서 여름이면 거의 매일 물가로 나가. 목표는 월척을 낚는 거지. 데이비드는 자신의 이름이 대어 낚시 기록에 올라가 있는 모습을 상상하곤 해.

잭은 14살이야. 친구들과 록 밴드를 하고 있지. "무대에 오르기 전에 항상 내가 완전 멋지게 연주하고 있는 모습을 머릿속에 그려 봐. 그러면 실제로 자신감이 생겨서 멋지게 연주할 수 있게 돼."

17살 델란조는 피아노 발표회 연습을 앞두고 시각화를 활용해. "곡을 외우는 데 얼마나 오래 걸릴지, 모든 곡조를 제대로 표현하는 데 얼마나 걸릴지, 얼마나 오래 연습을 해야 하는지 정확하게 머릿속으로 그려 봐."

16살 제나는 수영 연습을 할 때 시각화를 활용해. 제나와 팀원들은 스톱위치를 들고 관람석에 앉아 마음을 편안히 해. 그러면 감독님이 머릿속에 다음 과정을 그려 보라고 하셔. 스트레칭, 숨 고르기, 출발선에 서서 준비하기 순서로 말이야.

그리고 수영장에 다이빙해 뛰어든 다음 반대편에 가 닿을 때까지 필요한 정확한 수만큼의 스트로크를 하며 앞으로 쭉쭉 뻗어 나가는 상상을 해. 완벽하게 턴을 하고서는 다시 되돌아와. 모든 아이들이 각자 완주를 하고 나면 스톱워치를 꺼.

"머릿속으로 생생하게 그려 낼 수 있다는 게 얼마나 놀라운지 몰라. 더 놀라운 건, 우리 대부분이 자신이 기대했던 목표 시간보다 1, 2초 앞당긴다는 거야."

전략 5 : 도움 청하기

"도움이 필요 없을 만큼 강한 사람은 없다."

_세자르 차베스(시민 운동가)

다른 사람들의 도움과 지지는 목표를 성취할 수 있게 하는 또 하나의 열쇠야. 친구나 가족, 선생님들, 상담 선생님들, 코치나 감독님, 이웃에 사는 사람들이나 아직 만나 보지 못한 사람들까지도 너를 격려해 줄 수 있고 너에게 필요한 기술을 공유해 줄 수 있어.

네가 노력하고 있는 것에 대해 격려와 지지를 받는 첫 번째 방법은 친구나 가족과 목표를 공유하는 거야. 네가 진짜 원하는 것에 대해 친구나 가족들과 함께 얘기해 본 적 있니? 목표 사다리를 보여 준 적 있어? 그런 적이 없다면 지금이야말로 목표를 나누고 도움을 청할 완벽한 순간이야.

대부분의 사람들은 목표를 이룰 때 3가지 기본적인 도움이 필요해.

✔ 목표수행 도움

목표 사다리를 오르고 목표를 달성하는 데 아주 유용한 도움이야. 예를 들어 회의나 연습이 끝난 후에 차로 데려다 주는 것, 재료를 사거나 수업을 들을 때 필요한 돈, 먼 도시로 여행을 떠날 때 안내해 줄 보호자 같은 게 목표수행 도움이야. 이런 도움은 대개 가족이나 친구들, 관계가 긴밀한 사람이 줄 수 있겠지. 때로는 네가 원하는 게 무엇이냐에 따라 학교나 봉사협회의 도움을 받을 수도 있어.

✔ 요령전수 도움

숙제를 해야 하는데 어떻게 해야 할지 모르겠거나 목표를 세우긴 했는데 무엇부터 해야 할지 몰랐던 적이 있을 거야.

이럴 땐 어떻게 해야 할까? 혼자 고민하지 말고 비법을 알고 있는 누군가를 찾아야겠지. 모형 자동차 만드는 법이나 휴대폰 사용법을 찾을 때 유튜브 검색하지? 목표를 향해 갈 때도 똑같아. 목표 사다리를 오르기 위해 뭔가가 필요하다면 도서관에 가거나 인터넷의 도움을 받아. 친구에게 물어보거나 부모님이나 선생님, 학원 선생님께 여쭤 봐도 좋아. 전문가에게 이메일을 보내는 것도 방법이야. 아니면 지역에서 열리는 세미나나 캠프를 찾아보는 거야. 문화센터나 학교 상담실을 찾는 것도 방법이지.

✔ 기분전환 도움

이 방법은 아무리 노력해도 자신이 없고 기운이 빠지는 날에 유용해. 너무나 기분 좋은 한 주를 즐기며 순조로운 날들을 보내고 있었어. 그러다 갑자기 뭔가 콱 막히기 시작해. 학교에 지각하고, 제일 친한 친구랑 말다툼을 하질 않나, 판단 착오로 우리 팀에 손해를 끼치고, 누군가의 생일을 잊기도 해. 한밤중에 잠이 깨 온종일 목표 사다리에 대해 생각조차 하지 않았다는 사실이 떠올라. 바로 이럴 때 기분전환 도움이 필요해.

부모님과의 포옹, 선생님의 칭찬, 친구의 응원 한마디, 이 모든 게 기분을 바꾸는 데 도움이 돼. 기분전환 도움은 머리를 맑게 하고, 기분 좋은 힘을 실어 줄 거야.

이런 기분전환 도움은 어디에서나 얻을 수 있어. 아무 조건 없이 너를 사랑해 주는 가족, 네 말에 귀 기울여 주는 다정한 친구들, 스스로가 형편없다고 생각할 때도 언제나 응원해 주는 선생님, 너의 작은 친절을 알아봐 주는 낯선 사람까지도. 네가 힘들어할 때 도움의 손길을 내밀어 주는 누구에게서나 이런 도움을 받을 수 있어.

우리에게 필요한 도움을 한눈에 볼 수 있게 정리해 봤어.

목표수행 도움	요령전수 도움	기분전환 도움
원하는 것을 이룰 수 있도록 도와주는 실용적인 것들	목표로 하는 것을 이룰 수 있도록 도와주는 지식이나 요령	정신적으로나 감정적으로 스스로에게 긍정적으로 느낄 수 있도록 기운을 북돋아 주는 것
엄마가 학교까지 차로 데려다주는 것	유튜브에서 가르쳐 주는 셀카 잘 찍는 요령	팀원들과의 하이파이브
조용히 공부할 수 있는 공간	정리정돈에 관한 세미나	추운 날 먹는 따뜻한 음식
새 축구화	수학 숙제 도움 받기	'잘했어!'라는 선생님의 칭찬
장학금	문제 해결방법에 대한 조언	쓰다듬어 주는 것
사용 가능한 장비나 도구들	무언가를 만드는 방법	조부모와의 전화 통화
부모님이나 어른들이 대학교 방문을 도와주시는 것	모의 취업 인터뷰를 도와줄 상대	친구의 칭찬
가 보지 않은 곳으로 데려가 주는 것	트위터 계정 개설 수업	한동안 연락이 뜸했던 친구의 문자
대학입학 지원서나 자기소개서의 교정을 봐 주는 것	사회적기업 전문가와의 인터뷰	자신이 얼마나 대단한지 되새기게 하는 자필 메모

자, 이제 어떤 종류의 도움이 있는지 알았으니 어떤 도움이 필요하고 그 도움을 누가 줄 수 있는지 알아볼 시간이야. 부록 13번 '나에게 필요한 도움'을 복사해서 목표 기록장의 목표 지킴이에 붙여. 그리고 목표 사다리를 오를 때 사용해 봐. 사다리의 각 계단을 오를 때마다 스스로에게 물어봐. '이걸 이루려면 어떤 도움이 필요할까?' 답은 가능한 한 구체적으로 적어. 돈이 필요하다면 '정확히 얼마'인지, 새로운 기술이 필요하다면 '어떤 기술'인지, 나에게 의욕을 불어넣어 줄 대상이 필요하다면 '가장 적절한 상대'가 누구인지, 그리고 '언제'가 가장 효과적일지.

어디에서 도움을 구해야 할지에 대해서는 아직 걱정하지 마. 지금은 일단 목표 사다리를 오르면서 너에게 필요한 목표수행 도움, 요령전수 도움, 기분전환 도움의 목록을 완성하는 데 집중하도록 해.

목표를 다른 사람들과 공유하다 보면 그 사람들에게 네 도움이 필요할 수도 있다는 걸 알게 될 거야. 친구나 다른 사람에게 네가 도울 일은 없는지 물어봐. 그리고 어떻게 도와주면 좋겠는지 물어보자. 서로 과제 마감 날짜를 알려 주거나 작은 일에 성공했을 때 서로 축하해 주는 것도 좋겠지.

많은 친구들은 도움을 받는 게 얼마나 중요한지 아주 잘 알고 있어. 그 친구들이 목표수행 도움, 요령전수 도움, 기분전환 도움을 어떻게 활용하고 있는지 살펴보자.

목표수행 도움은 보통 집에서 많이 이루어져.

"우리 부모님은 체조 팀 연습 비용을 내주셔. 그리고 아빠랑 오빠가 평균대를 만들어 줘서 집에서도 연습할 수 있어." - 릴리(11)

"할아버지와 할머니는 내가 수영 연습을 할 수 있도록 수영장까지 차로 태워다 주셔." - 켈시(13)

"우리 부모님은 성적 관리를 해 주시면서 학교생활을 도와주셔. 그게 가끔 짜증 날 때도 있긴 하지만 사실 도움이 많이 돼. 부모님이 '이 숙제는 선생님과 상의해 보는 게 좋겠다'라고 하시면 나는 '알았어요~'라고 삐딱하게 대꾸하지만 사실 선생님께 여쭤 보는 게 성적을 올리는 데 도움이 된다는 건 잘 알고 있어."

- 마누엘(14)

요령전수 도움은 어떨까?

지아는 미국 스피드스케이팅 대회에서 우승하는 게 목표야.
"코치님들은 스케이트 날을 더 눕혀서 속도 올리는 방법을 가르쳐 주셨어. 또 한

쪽 발에서 다른 발로 무게 중심을 쉽게 옮기는 비법도 알려 주셨어." – 지아(11)

"아빠는 낚시에 대해 정말 많은 걸 알려 주셔. 호수의 상태를 보는 법이랑 물고기가 모여 있기 좋아하는 곳은 어딘지, 언제 미끼를 잘 무는지, 미끼를 잘 안 물 때 어떻게 해야 하는지까지 전부 다 알려 주셨어." – 데이비드(12)

"나는 모르는 게 있으면 방과 후에 남아서 선생님께 여쭤 봐." – 스카이리(14)

"요즘 유튜브 동영상으로 기타 치는 법을 배우고 있어." – 델란조(17)

기분전환 도움 역시 중요한 부분이야.

"난 음악을 좋아해. 좋은 곡을 듣고 있으면 뭔가 충만해지는 느낌이 들거든."
– 케빈(14)

"기분이 꿀꿀한 날이면 블로그에 들어가서 친구들이 쓴 댓글을 읽어. 나 때문에 힘이 난다는 글을 읽고 있으면 나야말로 그 말에 힘을 얻는 기분이야." – 애비(17)

"우리 부모님은 늘 나에게 용기와 기운을 북돋아 주셔. 우리는 저녁을 먹으며 앞으로의 일을 예상해 보고 바라는 것들과 목표에 대해서도 이야기해. 두 분은 늘 내가 무슨 일을 하든 최선을 다하라고 조언해 주셔." – 한나(16)

"나는 명언이나 격언을 읽으며 영감을 받아. 좋아하는 글귀를 방에 붙여 두고 계속 그걸 지켜 갈 수 있도록 자주 들여다 봐." – 엘레나(17)

자, 너에게 어떤 도움이 필요한지, 누가 너를 가장 잘 도와줄 수 있을지 생각해 봤지? 또래 친구나 어른 누구라도 좋아. 아주 친숙하지 않은 사람도 괜찮아. 친구의 부모님이나 교장 선생님, 교회에서 아는 분 누구라도 말이야. 이런 분들이 자기 분야에서 얼마나 전문적인지 알게 되면 깜짝 놀랄걸. 더군다나 이분들은 기꺼이 누군가를 도울 준비가 되어 있단다.

일단 '도움을 줄 수 있는 사람들' 목록을 만들었으면 부록 13번의 오른쪽 칸에 이름과 연락처를 적어. 한 사람 이상 적는 게 좋아. 그래야 첫 번째로 적은 사람에게서 도움을 받을 수 없을 때를 대비할 수 있어.

누군가에게 도움을 청할 준비가 됐니? 친구든 잘 모르는 누군가에게든 연락을 할 때는 그들에게 너의 목표 사다리를 보여 주고 다음 내용을 설명하는 게 좋아.

- 목표가 무엇인지

- 어떤 종류의 도움을 원하는지

- 그 도움이 언제 필요한지

- 시간이 얼마나 걸릴지

도움을 청하길 아직도 주저하고 있다면 친구들이 전해 주는 생생한 조언을 읽고 기운을 얻어 봐.

"도움을 청해 봐. 나를 돕고자 하는 사람은 정말 많아."– 한나(16)

"도움을 받는다는 건 부끄러운 일이 아니야. 용감한 사람만 도움을 청할 수 있더라고." – 와이와이(13)

"사람들은 자기가 하는 일을 공유하고 싶어 해. 그래서 내가 그 일에 관심을 보이면 그 사람들도 나에게 관심을 갖게 돼." – 캐서린(17)

꿀팁

누군가로부터 도움을 받으면 늘 고맙다고 말하는 게 좋아. 말로 고마움을 표현하는 건 아주 간단한 일이지만 정말 중요하거든. 설마 그렇게까지 중요하겠어, 라고 생각한다면 시험해 봐도 좋아. 극장에 가거나 책을 읽게 되면 맨 뒤에 나오는 자막이나 멘트를 잘 살펴봐. 영화감독, 작가들은 지체 없이 감사를 표현해.
감사를 표할 사람들을 직접 만나도 좋고, 전화 또는 카드나 편지를 보내 고마운 마음을 전해 봐. 아니면 좀 색다르게 해 보는 건 어때? 부모님께 스키 고글을 선물로 받았다면 그걸 쓴 모습을 사진으로 찍어 보내는 거야. 인증샷인 거지. 아니면 네가 훈련에 매진할 수 있도록 도와준 친구들에게 영상편지를 촬영해 보내는 건 어떨까?

전략 6 : 도움의 손길 곁에 두기

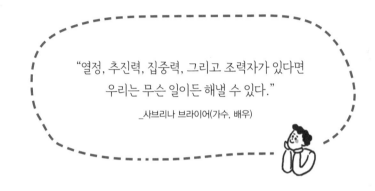

"열정, 추진력, 집중력, 그리고 조력자가 있다면
우리는 무슨 일이든 해낼 수 있다."

_사브리나 브라이어(가수, 배우)

혼자 목표를 향해 간다는 건 반쪽짜리 숟가락으로 국을 떠먹는 것과 같아. 제대로 먹을 수 없겠지. 앞에서도 말했지만, 목표를 이루기 위해서는 다른 사람들의 도움을 받는 게 꽤 중요해. 목표를 이루기 위해 도움을 주는 사람을 '목표 도우미'라고 해. 목표 도우미란 말 그대로야. 네가 세운 목표에 관심을 보이고 책임감을 심어 주면서 성공에 다다르도록 도와주는 친구지.

탐험가 앤 밴크로프트에게도 리브 아르네센이라는 목표 도우미가 있어. 두 사람은 스키로 96일 동안 남극 대륙을 횡단한 최초의 여성들이야. 그 후로도 줄곧 친구로 지내는데, 앤은 목표 도우미에 대해 이렇게 말해. "영하의

날씨 속에서 눈과 얼음을 가로질러 가자는 목표를 기꺼이 도와주려는 친구를 찾는 건 쉬운 일이 아니다."

목표도 그렇듯이 목표 도우미 역시 저마다 다른 모양새와 다양한 방식으로 도움을 줘.

'베이크 미 홈' 사업을 시작한 쌍둥이 엠마와 에이미 기억나지? 이 둘은 늘 짝을 지어 다녀.
"우린 언제나 서로를 위해 자신을 내어 줄 준비가 되어 있어. 우리 중 한 사람이 스트레스를 받으면 다른 한 사람은 보통 차분해지려고 해."

알렉(15)은 전국 수영대회에서 우승하는 게 목표야. 그래서 팀원들과 좋은 관계를 맺고 도움을 주고받고 있지. "친구들은 내가 더 잘할 수 있도록 힘을 줘."

메레디스(14)는 스쿼트에 도전하고 있는데 친구와 함께 스쿼트 어플리케이션을 받아서 서로 체크를 해. 첫날 25개로 시작해서 지금은 235개까지 할 수 있게 됐어. "운동하기 싫은 날에도 일단 시작해. 친구들이 체크해 주는 걸 무시하기 힘들거든."

목표 도우미 만들기

✔ 같은 사고방식을 가진 친구를 찾아

목표 도우미가 너와 똑같은 목표를 세울 필요는 없어. 공통의 관심사면 충분하지. 그래야 말이 통하고 각자의 목표를 추구할 때 비슷한 방향으로 노력을 기울일 수 있거든.

✔ 친구를 위해 시간을 내

일주일에 한 번이면 좋을까? 한 달에 두 번? 영상통화나 문자메시지로 연락하는 건 어떨까? 일정을 잡고 네가 끝내야 하는 일을 친구와 공유해. 누군가가 자신의 목표와 마감 시간을 알고 있다는 것만으로도 끝까지 할 수 있는 힘이 생겨.

✔ 긍정적인 것과 부정적인 것 모두를 공유해

서로에게 칭찬할 점과 잘 안 되고 있는 점을 솔직하게 다 얘기하는 게 좋아. 얘기할 때는 서로의 기분을 상하게 하지 않고 할 일에 다시 열중할 수 있도록 조심해야 해.

✔ 성공을 축하하자

축하카드나 이메일로 서로의 성공을 축하해 주자. 상대방의 SNS에 축하 글귀를 남겨도 좋고 작은 선물을 하는 것도 좋아.

드림팀 만들기

드림팀이란 너만큼 너의 성공을 위해 애써 줄 수 있는 사람들로 구성된 작은 집단이야. 도움이 필요할 때 너만의 드림팀을 찾아. 드림팀은 일이 잘 안 풀릴 때도 언제나 네 옆에 있어 줄 거야.

전화나 문자를 하거나 직접 만나서 관계를 계속 이어 나가. 목표를 향해 얼마만큼 나아가고 있는지 진행상황에 대해 함께 이야기 나누고 도움이나 조언을 청해. 드림팀은 네가 문제를 해결하도록 도와주는 열쇠야. 처리하기 곤란한 문제가 생기거나 꾸물거릴 때도 도움이 되지.

드림팀 멤버로는 누가 좋을까? 부록 13번 '나에게 필요한 도움'을 이미 작성했다면 아마 언제고 의지해도 좋을 사람들이 이미 파악됐을 거야. 아직 그런 사람을 찾지 못했다면 어떤 사람이 조력자가 되어 줄 수 있을지 계속 생각해 봐.

자, 이제 진심으로 신뢰할 수 있는 3~4명을 정하고 그 옆에 체크를 해. 드림팀 멤버를 뽑을 때는 그들에게 왜 도움을 받고 싶은지 설명하고 나를 도울 수 있는지도 물어봐. 일단 몇 명의 멤버를 구성했다면 부록 14번 '나만의 드림팀'에 그 사람들의 이름과 연락처를 적어 둬. 이 연락처는 조언이나 사기 충전, 도움이 필요할 때 연락할 수 있도록 갖고 다니는 게 좋아. 사진으로 찍어서 휴대폰에 저장하거나 휴대폰 연락처에 그룹을 만들어 놓아도 좋겠지.

멘토 구하기

드림팀 멤버 중에서 멘토가 되어 주었으면 하고 바라는 사람이 있을 수도 있어. 멘토란 매달 혹은 매주 만나서 네가 성장하고, 배우고, 성숙해지고, 목표를 향해 갈 수 있도록 도와줄 수 있는 믿을 수 있는 지도자를 말해. 멘토는 네가 꿈을 크게 키우고 목표에 도달할 수 있도록 자신의 시간과 능력을 투자하지. 이런 도움을 주면서 말이야.

- 건강한 위험요소를 받아들일 수 있도록 격려하기
- 자문 역할하기
- 믿어 주기(네가 너 자신을 믿지 못할 때에도)
- 멘토 자신이 존경하고 존중하는 사람 소개해 주기

- 네가 고민하는 문제를 해결할 수 있도록 도와주기
- 색다른 시각 보여 주기
- 네가 자신의 가치관에 따르는 행동을 할 수 있도록 도와주기

멘토 후보자에게 다가가는 게 겁이 날 수도 있어. 특히 잘 모르는 사람이거나 아니면 네가 정말 존경하는 사람이라면 더더욱. 그럴 땐 이렇게 생각해 봐. 모든 성공한 어른도 한때는 네 나이였고, 너처럼 꿈과 목표가 있는 아이였다고 말이야. 그리고 많은 사람들은 진심으로 다른 사람을 돕고 싶어 한다는 걸 명심해. 심지어 '다른 사람에게 받은 만큼 선행을 베풀자'며 의욕을 불태우는 사람들도 있다니까.

멘토를 아직 찾지 못했다면 자기소개서를 써 봐. 편지 형식도 좋고, 짧은 동영상을 만들어 보는 것도 좋아. 아래 내용을 꼭 넣어서 자기소개 문구를 만들어 봐.

- 이름과 연락처
- 목표와 왜 멘토를 원하는지
- 선택한 그 사람이 왜 좋은 멘토라고 생각하는지
- 구체적으로 어떤 도움이 필요한지

- 언제, 얼마나 자주 멘토를 만나고 싶은지
- 진심 어린 감사의 말

멘토가 되어 줄 수 있는 사람에게 연락하기 전에 무슨 말을 할지 미리 생각해 보자. 무대에 오르기 전에 배우들이 리허설을 하듯이 대사를 미리 연습해 보는 거야. 혼자 해도 되고, 목표 도우미나 다른 믿을 만한 사람과 함께해도 좋아. 미리 연습해 두면 자신감이 더 올라갈 거야. 그리고 긍정적이고 낙천적으로 생각해.

도움과 지원을 요청하는 건 많이 해 볼수록 쉬워진다는 걸 명심해. 그러니 처음에는 어려워 보여도 계속 시도해 보는 거야. 혹시 네 부탁을 거절하더라도 그걸 감정적으로 받아들이지는 마. 그 대신 좋은 멘토가 되어 주실 분이 없는지 추천을 부탁해 보자. 추천에 대해 감사를 표하고 그 기세 그대로 소개해 준 그분을 당장 만나러 가는 거야.

일단 목표 도우미, 드림팀, 그리고 멘토까지 있다면 이 모든 관계를 최대한 활용하고 싶을 거야. 어떻게 해야 하느냐고? 다 방법이 있지.

- **기쁜 마음으로 열정적으로 배우기**
- **물어볼 것과 이야기 나누고 싶은 주제를 구체적으로 적어 목록 만들기**

- 목표 기록장의 목표 지킴이에 메모해 두기

- 질문을 받으면 한마디 이상 대답하기

- 열린 마음으로 듣고 해야 할 말을 분명하게 하는 습관 기르기

- 언제나 고맙다고 말하고 얼마나 고마워하고 있는지 구체적으로 표현하기

꿀팁

시나 구에서 운영하는 청소년지원센터들에서는 청소년과 멘토들이 만날 수 있는 자리를 많이 만들고 있어. 이런 단체의 멘토 구하기 프로그램을 찾아서 등록해 보자.

멘토를 만난 친구들의 이야기야.

"내 멘토는
쇼트트랙 선수인
에이미 피터슨이야.
올림픽 5연패 금메달 리스트지.
에이미 선수가 개최하는
여름 캠프에는 전부 참가했어.
강도 높은 훈련을 시키지만
우리가 할 수 있다고
늘 믿어 주기 때문에
훈련하는 게 즐거워."

– 지아(11)

"나는 보이스카우트 단원이야.
모험을 엄청 좋아해.
2살 위인 스티브 형은
내 관심사에 대해 조언을 많이 해 줘.
낚시나 하이킹도 같이 다니는데
그 시간에 고민하던 것들이
많이 해결되는 것 같아."

– 카슨(15)

"얼마 전에 TED 강연을 들은 적이 있어. '100일간의 거절을 통해 배운 것들'이라는 주제의 강연이었는데 지아 지앙이라는 사람이 거절에 대한 두려움을 실제로 이겨 낸 이야기를 들려줬어. 지아 지앙이라는 사람을 만나 본 적은 없지만 이 사람의 용기 덕분에 나도 많은 도전을 받고 거절에 대해 두려워하지 않기로 결정했어. 지아 지앙은 내 마음의 멘토야."

– 헨리(15)

159

전략 7 : 역할 모델 활용하기

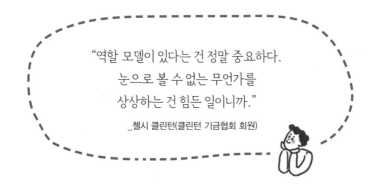

"역할 모델이 있다는 건 정말 중요하다.
눈으로 볼 수 없는 무언가를
상상하는 건 힘든 일이니까."

_첼시 클린턴(클린턴 기금협회 회원)

목표를 향해 돌진할 수 있는 또 다른 전략은 네가 꿈꾸던 일을 이미 이루어 낸 사람에게서 배우는 거야. 사업가, 연극 연출가, 끝내주게 멋진 직업을 가진 사람, 혹은 네가 더 나은 사람이 될 수 있도록 영감을 주는 사람…. 그게 누구든 모두 네 역할 모델이 될 수 있어. 관심 분야가 무엇이든 책이나 영상물을 통해 훌륭한 역할 모델을 찾을 수 있고, 그런 자료를 통해서 그들이 어떻게 그 일을 시작했고 어디서 아이디어를 얻었고 장애물을 만났을 때 어떻게 뛰어넘었는지 전부 배울 수 있어. 정신이 번쩍 들게 하고 메모를 하게 만드는 사람들의 자서전이나 책, 인터뷰를 찾아보도록 해.

모든 사람이 좋은 역할 모델이 되는 건 아니야. 어떤 기준으로 역할 모델을 찾아야 할까? 3가지 요령을 알려 줄게.

✔ 네가 하고 싶은 일을 현재 하고 있거나 이미 이루어 낸 사람을 찾아
친구나 선생님, 아니면 가족일 수도 있어. 아니면 강연 프로그램을 보다가 찾을 수도 있고.

✔ 너와 비슷한 가치관을 가진 사람을 골라
너와 통하는 가치관을 가진 사람이 누굴까? 너와 신념이 같은 사람은 누구야? 너와 관점이 비슷하고 마음 깊이 영감을 불어넣어 줄 수 있는 사람을 찾아보자.

✔ 균형 잡힌 삶을 살고 있는 사람을 찾아
다른 분야에 써야 할 비용을 한군데에 몽땅 쏟아부으며 몰두하는 사람이나 시간개념 없는 사람이 아닌 모든 영역에서 균형 잡힌 사람을 찾아보자.

다음 친구들의 이야기를 보면 알 수 있겠지만 역할 모델은 네가 아는 사람이 될 수도 있고 전혀 모르는 사람이 될 수도 있어. 그들은 일상의 영웅일 수도 있고 이 세상에 존재하지 않을 것 같은 엄청난 존재일 수도 있지.

친구들이 자기 역할 모델 을 소개하겠대.

"내가 제일 좋아하는 운동은
농구고, 카와이 레너드 선수를
가장 좋아해."

— 마뉴엘(14)

"내 역할 모델은 우리 엄마야.
엄마는 세 아이를 혼자 힘으로 키우셨어.
심지어 남동생이 암에 걸렸을 때도
흔들림 없이 우리를 돌봐 주셨어."

— 안나(14)

"나는 성실하고 부지런한
우리 언니를 정말 존경해.
학교에 다니고 아르바이트도 하면서
이번에 듀크대학교에 입학했거든.
얼마 전부터는 마라톤을 시작했는데
나도 같이 하기로 했어."

— 벳시(13)

"나는 아빠를 본받고 싶어.
아빠가 우리 가족을 이끌어 가시는 방법,
일에서 성공하시는 모습,
그리고 역경을 넘어서는 것까지
모두 닮고 싶어."

— 델란조(17)

꿀팁

너 역시 사촌이나 친구, 같은 반 아이들, 그 밖에 다른 사람들의 역
할 모델이 될 수 있다는 걸 기억해 둬. 와이와이의 말을 들어 볼까?

"막연한 말처럼 들리겠지만, 나는 언젠가 누군가 나를 존경하고
우러러볼 거라는 생각을 해. 난 좋은 본보기가 되고 싶어."

전략 8 : 보상으로 동기 강화하기

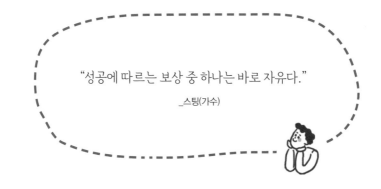

"성공에 따르는 보상 중 하나는 바로 자유다."

_스팅(가수)

보상이란 어떤 일을 잘할 수 있게 하기 위해 사람에게 주는 물질이나 칭찬을 말해. 대부분의 사람들은 목표를 달성했을 때만 보상을 받는다고 생각하지만 사실 목표 달성가들은 목표를 향해 가는 과정에서도 충분히 보상을 즐겨. 사실 보상은 멈추지 않고 목표를 향해 매진하게 하는 가장 좋은 방법 중 하나야. 그리고 목표를 이루는 과정에서 가장 즐거운 부분이기도 하고.

보상에는 크게 두 종류가 있어. 스스로에게 주는 보상과 다른 사람이 주는 보상. 자기 자신에게 주는 보상은 스스로 정할 수 있고 창의적으로 만들어 낼 수 있지. 다른 친구들은 스스로에게 어떤 상을 주는지 한번 볼까?

"내 상은 초콜릿 쿠키야. 수학 문제 3개를 풀면 쿠키 한 개를 먹는 거지."
– 에이미(13)

"나는 보상으로 30분 동안 내가 가장 좋아하는 게임을 해." – 카슨(15)

"육상 연습을 마친 후에 내가 가장 좋아하는 일은 침대로 기어 들어가 텔레비전을 보는 거야." – 미카일라(16)

"나는 고막이 찢어질 정도로 큰 소리로 기타를 연주해. 그러면 기분이 정말 좋아져." – 쇼나(16)

다른 사람에게 받는 상도 스스로에게 주는 것만큼이나 색다르고 참신할 수 있어. 친절한 미소, 하이파이브, 수료증, 메달이나 트로피, 꽃다발, 뭐든지 가능해. 그런 건 모두 다른 사람들이 네가 잘해 냈고, 그걸 해낸 너와 네가 이룬 결과 모두 훌륭하기 때문에 주는 상이야. 하지만 가장 큰 상은 아마도 네가 스스로 해냈다는 것과 다른 사람들이 그런 너를 자랑스러워한다는 사실이겠지.

"나는 중학교 2학년 때 공연예술 고등학교로 진로를 바꾸기로 했어. 그렇게 할 수 있도록 스스로를 밀어붙이고 지금 정말로 열심히 하고 있는 내가 자랑스러워."
– 메리(16)

"내가 가장 뿌듯하게 생각하는 일은 스페인어를 배운 거야." – 닉(17)

"좋은 성적을 받거나 축구 경기에서 골을 넣었을 때 나는 부모님과 형에게 내 자신이 자랑스럽다고 말해. 부모님이나 형이 진심으로 기뻐해 주면 나도 행복해져." – 윌(12)

"우리 부모님은 내가 자랑스럽다고 확신 있게 말씀하셔. 그게 바로 내가 받을 수 있는 최고의 상이야." – 애비(17)

스스로에게 상을 줄 때 꼭 기억해야 할 것들이 있어.

✔ 구체적인 성과나 결과가 있을 때 상을 줘

30분 동안 국사 숙제를 했다고 상을 줄 거니? 늘 3점 이상은 득점하던 경기에서 1점을 득점했다고 상을 줄 거야? 학교에 지각하지 않았다고 상을 주는 건 별 의미가 없어.

✔ 상의 크기는 목표의 크기에 비례해야 해

복합체 생물학 개념을 완전히 이해한 건 새로운 단어 한 개를 외운 것보다 당연히 더 큰 상을 받을 자격이 있어. 새로 외운 단어가 '포도상구균'같이 어려운 단어라 해도.

✔ 너에게 의미 있는 상을 주도록 해

네가 초콜릿을 좋아하지 않는다면 상으로 초콜릿을 주지는 마. 상은 네가 좋아하는 걸로 선택해. 거품 목욕이나 좋아하는 음악 감상, 미니 골프 한 게임, 네가 좋아하는 것이라면 어떤 것이든 좋아.

✔ 보상은 때에 맞춰 주는 게 좋아

만일 체스 경기에서 이기면 자전거 타기를 상으로 주겠다고 약속했다면 집에 오자마자 옷을 갈아입고 자전거를 들고 밖으로 나가는 거야. 지체하지 마. 안 그랬다간 스스로에게 주는 상의 의미가 사라지고 말 거야.

전략 9 : 기록하기

"크기를 가늠할 수 없다면
어떤 것도 증명할 수 없다."

_피터 드러커(경영학자)

나는 대학교를 졸업하면서 매주 책 한 권을 읽겠다는 목표를 세웠어. 그리고 지금도 그 목표를 잊지 않고 지켜 내고 있지. 어떻게 증명할 거냐고? 그럴 줄 알고, 읽은 책들의 목록을 컴퓨터에 기록해 뒀지. 독서를 완료한 날짜와 책 제목을 '읽은 책' 목록에 추가하는 거야. 목표를 세운 뒤부터 내가 읽은 책은 2천 권을 넘었어.

기록하는 건 목표를 이루는 데 큰 도움이 돼. 글을 잘 쓰고 싶다면, 자주 글을 쓰고 매번 어느 정도 분량의 글을 썼는지를 기록해. 가족이 좀 더 행복해지길 바란다면 동생들을 놀리거나 울리지 않은 날에 스스로에게 칭찬 스티커를 주는 거야. 좀 더 건강해지고 싶다면 식사일기를 꾸준히 써 봐. 패션에 관심이 많다면 매일 셀카를 찍어서 화보집을 만들거나 SNS에 사진첩을 만드는 것도 방법이야.

효과적으로 기록하고 싶다면 기록이 시각적이고(그래야 눈에 확 띌 테니까) 참신해야 해(그래야 재미있잖아!). 그리고 자주 업데이트를 해야겠지. 목표 사다리에도 기록을 해 두면 진행 상황을 한눈에 볼 수 있어서 좋아. 목표를 수행한 계단에는 색칠을 하거나 스티커를 붙여 줘. 아직 미적거리고 있는 목표가 있다면 빈자리에 '파이팅! 아자아자!'라고 쓰는 건 어때? 어떤 친구들은 임무를 완수한 계단을 각각 다른 색으로 칠해서 강조하기도 해.

목표를 이루는 과정을 기록할 때는 앞으로 얼마나 더 가야 하는지가 아니라, 네가 얼마나 이루어 냈는지에 집중하는 게 좋아. 시간과 노력을 많이 들여야 하는 장기 목표에 꼭 필요한 자세야. 과정을 기록하다 보면 어려운 상황이 닥치더라도 헤쳐 나갈 지혜와 판단력을 얻게 돼. 계속해 나가야 할지 목표를 수정해야 할지에 대해 구분하는 능력이 생기는 거지.

목표를 기록하는 친구들의 이야기야.

"하루에 40분씩 플루트를
연습하려고 해.
그래서 파일에 표를 만들어서
연습 시간을 적어 둬.
그 파일을 열면
그동안 얼마나 연습했는지,
앞으로 얼마나 더 연습해야
하는지 알 수 있어."

– 케이트(13)

"나는 축구 선수로 활약하면서
미국 각지를 여행하고 있어.
내 방에는 커다란 지도가 있는데
여행했던 도시에 핀을 꽂아서
표시를 해 뒀어.
그 지도를 보고 있으면 내 삶이 정말
특별하다는 생각이 들어."

– 미카일라(16)

"나는 달리기 기록을 휴대폰에 기록해.
한 달이 끝날 때면
내가 몇 킬로미터를 달렸는지,
얼마나 시간을 단축했는지 알 수 있어."

– 클레어(15)

"노트북 살 돈을 마련하려고
표를 하나 만들었어.
저축한 액수를 써 놓는 거지.
저축액이 느는 걸 보니까
더 많이 저축하고 싶은 의욕이
샘솟았고 그러다 보니
예상했던 것보다
더 빨리 노트북을 살 수 있었어."

– 제이콥(16)

"요즘 가라테를 하는데 내가 딴 띠를
진열해 놓고 띠를 딴 과정을 기록해.
어떤 부분을 잘했는지, 어떤 부분이
부족했는지에 대해서도
상세하게 적어 놓았어."

– 존(13)

전략 10 : 힘과 용기를 주는 말 하기

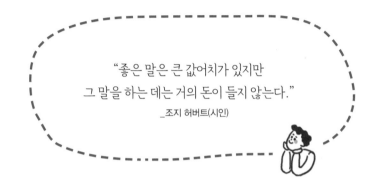

"좋은 말은 큰 값어치가 있지만
그 말을 하는 데는 거의 돈이 들지 않는다."

_조지 허버트(시인)

책을 읽거나 영화를 볼 때, 좋아하는 노래를 따라 부르거나 유명인의 인터
뷰를 볼 때 그 사람들이 하는 말을 잘 들어 봐. '대단하다!'라고 할 만한 말들
이 많을 거야.

달력이나 명언집, 인터넷 사이트, SNS에서 감동적인 말들을 찾아서 목
표 기록장의 목표 지킴이에 적어 봐. 작은 메모지나 포스트잇에 적어서 지
갑이나 가방 속에 가지고 다녀도 좋고, 학교 사물함 안에 붙여 놓거나 사진
을 찍어서 휴대폰이나 컴퓨터 바탕화면으로 써도 좋아.

다른 친구들은 어떻게 하고 있는지 한번 들어 봐.

"명언이나 좋은 가사를 보면 머리가 맑아져. 정말 멋진 말을 만나면 일기장에 적어 두기도 해." – 한나(16)

"내가 요즘 가장 좋아하는 말은 이거야. '달을 향해 날아가라. 비록 달에 도착하지 못하더라도 어느 별에라도 도착할 수 있을 테니.'" – 데이비드(14)

"인디 밴드의 노래를 들으면 기운이 나. 기분이 처지고 우울할 때 들으면 흐트러졌던 중심이 다시 잡히는 것 같아." – 메리(16)

보너스 전략 : 스트레스 날리기

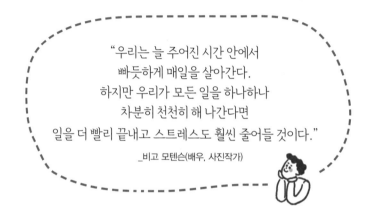

"우리는 늘 주어진 시간 안에서
빠듯하게 매일을 살아간다.
하지만 우리가 모든 일을 하나하나
차분히 천천히 해 나간다면
일을 더 빨리 끝내고 스트레스도 훨씬 줄어들 것이다."

_비고 모텐슨(배우, 사진작가)

목표를 향해 달리다 보면(아니, 그냥 숨만 쉬며 겨우겨우 살 때도) 스트레스를 받을 때가 있어. 심장이 쿵쿵대고 얼굴이 빨개질 때도 있고, 손끝이 차가워지거나 축축해지기도 하고 머리가 지끈지끈 아프고 속이 울렁거릴 때도 있어. 이런 증상이 남 얘기 같지 않다고? 너무 걱정하지 마. 너만 그런 게 아니니까. 누구나 스트레스를 받아. 그렇다고 그냥 내버려 둘 순 없겠지. 다른 친구들은 스트레스를 어떻게 푸는지 알아보자고.

"난 어떤 일을 시작할 때 일정을 정확하게 짜는 편이야. 그렇게 하면 해야 할 일들이 정확하게 무엇인지 알 수 있고 시간 안에 끝내는 데 도움이 돼. 그러면 시간에 쫓기지 않아서 스트레스를 덜 받는 것 같아" – 헤더(15)

"빨리 끝낼 수 있는 작은 일이 있으면 그걸 먼저 하는 편이야. 그러면 그 일을 머릿속에 담아 둘 필요가 없잖아. 목표를 이루기 직전에는 스트레스가 가장 심해지는데 그럴 때면 현재에 충실하자고 되뇌어. 한 시간 후, 아니면 다음 날 아침에 일어나 보면 모두 잘 끝나 있을 테니까." – 케이시(19)

"일기를 쓰다 보면 스트레스가 사라져. 말로 하기 곤란한 것들이나 친구들과 공유하고 싶지 않은 일들이 있을 때는 일기가 딱이야." – 안나(14)

목표 점검하기

"무언가를 시작하기 전에 꼭 기억해 둘 게 있다면 일이 꼬이고 지연되는 건 예측 불가능하다는 점이다. 그런 장애물을 미리 정확하게 알 수 있다면 당연히 미리 손을 써서 없애 버릴 수 있겠지만 그건 불가능한 일이다. 선명하게 볼 수 있는 건 목표뿐이다. 그러니 마음의 눈을 뜨고 어떤 고난이 있더라도 목표를 밀고 나가야 한다."

_캐슬린 노리스(작가)

목표를 점검하는 것도 목표를 세워 가는 과정의 한 부분이야. 넌 지금 새로운 걸 시도하고, 위험을 감수하고, 도전에 맞서고 있어. 어떤 땐 기운이 넘칠 거야. 또 어떤 날엔 도무지 뭘 해야 할지 모르겠고, 겁이 날 때도 있겠지. 그냥 이유 없이 꽉 막힌 느낌이 들 때도 있을 거고.

출발선에서 한 발자국도 나아가지 못하는 사람들도 있어. 또 예상하지 못했던 문제나 도저히 피할 수 없는 난관을 만나 출발선에서 물러나야 하는 사람도 있지. 혹은 결승선을 바로 코앞에 두고 쓰러지는 경우도 있어. 지금부터는 목표한 대로 일이 안 풀리는 징후들을 살펴볼 거야.

✔ 징후 1 : 자꾸만 미루기

혹시 해야 할 일들을 뒤로 미루고 있니? 앞에서도 얘기했듯이 하기 싫은 일을 해야 할 때면 뇌에서 통증을 느낀대. 아프고 힘든 일은 누구나 하기 싫지. 그 때문에 아마도 네가 자꾸 미루는 걸 거야. 그렇지만 일단 해야 할 일을 시작하고 나면 통증은 금세 사라져.

✔ 징후 2 : 집중을 못 하겠어!

드디어 오늘 오후에 목표 달성을 위해 뭔가를 해 보기로 결정했어. 그런데 어쩐지 하지 않아도 될 일들만 하고 있는 것 같은데? 친구한테 문자를 보내고 난데없이 방 청소를 한다고? 멍하니 앉아 딴생각을 하고 있어? 목표 달성에 필요한 일 말고는 다 하고 있는데?

✔ 징후 3 : 일에 탄력이 안 붙어

뭔가 열심히 하는데도 진척이 없는 것 같아? 혹시 한 계단을 올라섰다가 도로 두 계단을 내려온 것 같은 기분이 들어?

✔ 징후 4 : 지겨워

목표에 대해 생각할 때면 답답하고 힘이 빠지는 느낌이 들어? 심지어 생각하다 졸 뻔했다고?

✔ 징후 5 : 목표라니? 무슨 목표?

목표에 대해 생각해 본 게 언제였더라? 몇 주 전인가?

이 징후들 중에 '내 얘기 같은데' 싶은 게 있더라도 너무 당황하거나 절망하지 마. 포기하지도 말고! 대신 너와 목표 사이를 막고 있는 게 어떤 건지 정확하게 들여다보자. 부록 15번 '목표 점검'을 활용해 봐. 어떤 게 잘 되고 있는지, 잘 안 되고 있는 건 무언지, 어떻게 하면 바꿀 수 있는지 쓰면서 점검해 보자.

목표 점검은 정말 중요한 작업이야. 점검할 때 잊지 말고 확인해야 할 포인트들을 정리해 봤어.

✔ 체크 포인트 1 : 너 자신을 점검해

앞에서 너만의 '드림보드'를 완성하고 목표를 세웠던 때를 생각해 봐. 그때 어떤 기분이었는지 떠올려 볼래? 신나고 뿌듯했니? 행복했어? 확고한 결심이 느껴졌어? 어떤 걸 상상했니? 그게 왜 너에게 중요했을까? 그 목표를 아직도 진심으로 이루고 싶어? 어쩌면 그 목표를 세웠던 때랑 지금 네 상황이 달라졌을 수도 있어. 그때 세웠던 목표가 지금의 네 가치관에 맞지 않을지도 모르지. 더 중요한 목표가 생겨서 갈등하고 있거나 아니면 단순히 네가 너무 바쁜 건지도 몰라. 이유가 뭐든 간에 목표가 더 이상 너에게 맞지 않는다면 목표를 수정해. 계속 목표를 이어 나가고 싶다면 다음 체크 포인트로 넘어가 보자.

✔ 체크 포인트 2 : 목표를 점검해

네가 세운 목표를 계속 이루고 싶다면 그 목표가 SMART한 목표인지 점검해 보자. Savvy, Measurable, Active, Reachable, Timed. 그 목표가 이해하기 쉽고 구체적인지, 어떤 행동을 해야 할지 명확한지, 이룰 수 있는 목표인지, 또 마감 날짜가 정해져 있는지 확인해 봐.

목표의 수준이 너무 높거나 낮지는 않은지, 모호하거나 지나치게 세세하지는 않은지 점검해 보는 거야. 스스로에게 너무 많은 걸 기대했거나 이루고 싶은 게 뭔지 분명히 알고 있지 않으면 일을 추진하기 어려워. 반면 너무 기대치가 낮으면 결과에 그다지 신경 쓰지 않게 될 거야.

✔ 체크 포인트 3 : 도움의 손길을 점검해

부록 13번 '나에게 필요한 도움'과 부록 14번 '나만의 드림팀'을 펴서 도움의 손길을 다시 확인해 보자. 그들에게 도움을 청해 본 적 있니? 아니라고? 미루지 말고 당장 전화를 걸어서 지금 네 상황을 설명해. 그리고 조언을 구해 보자.

목표를 점검하다 보면 약간의 수정이 필요할 수도 있고, 완전히 재정비해야 할 수도 있어. 목표를 이루려면 꼭 필요한 과정이니까 실망할 것 전혀 없어. 중요한 건 포기하지 않는 거야.

목표 점검의 결과를 보면 네가 진짜 이루고 싶은 목표가 무언지 정확히 알 수 있을 거야.

목표 점검 결과	시도해 볼 것
뭘 해야 할지, 어디서부터 시작해야 할지 모르겠어.	부록 16번 '목표 점검을 위한 인터뷰 질문지'를 준비해. 그런 다음 편하게 대화를 나눌 수 있고 목표를 향해 매진하는 데 도움을 줄 수 있는 2~3명의 어른과 시간 약속을 잡아 보자.
다른 사람을 기쁘게 하기 위해 목표를 정했어.	목표 기록장을 펴서 가치관과 꿈에 대한 내용을 다시 읽어 봐. 그런 다음 네가 진짜 원하는 꿈과 소망이 담긴 새로운 목표를 정해 보자.
목표가 너무 시시해.	끊임없이 스스로에게 질문하고 기준을 더 치밀하게 세워서 목표를 더 도전적으로 만들어. 그렇게 하면 의욕도 살아나고 '이걸 왜 해야 하지?' 같은 말은 안 하게 될걸.
목표가 너무 어려워.	큰 목표를 조금 더 이루기 쉬운 작은 목표들로 쪼개 보자. SMART한 목표를 만들 수 있게 집중해, 집중!
목표가 내 능력 밖이야.	너 스스로 이룰 수 있는 새로운 목표를 세워.
난 지금 너무 바빠.	마감 기한을 늘려 보자. 아니면 바쁜 게 끝날 때까지 목표를 보류하는 것도 방법이야.

스트레스가 너무 심해.	며칠 동안 쉬자. 제대로 식사를 챙겨 먹고, 운동을 하고 밀린 잠을 자면서 말이야. 좀 차분해지고 나면 원래 목표를 향해 매진할지 아니면 새로운 목표를 세울지 결정하자.
필요한 도움을 못 받고 있어.	너한테 필요한 도움이 정확히 뭔지, 누구에게 도움을 받고 싶은지 다시 생각해 봐. 그런 다음 도움을 줄 사람을 찾아 나서자!

꿀팁

일이 정말 안 풀릴 때는 일단 잠을 좀 자도록 해. 너무 바쁠 때는 잠을 자는 게 시간 낭비처럼 느껴질 때도 있지만 잠은 꼭 필요한 거야. 뇌를 다시 맑고 건강하게 만들어 주거든. 잠은 뇌에 있는 독소를 없애 준대. 보통 잠을 자고 나면 학습능력, 집중력, 결정능력, 창의력이 좋아져. 충분히 자고 나면 문제도 더 쉽게 풀 수 있고 감정조절도 더 쉬워져. 변화에 대처하는 능력도 좋아지고. 그런데 잠이 부족하면 기분이 처지고 우울해지기도 해. 그러니 어서 이불 꺼내 와. 베개를 끌어안고… 쿨쿨… 일단 자자!

행동하는 꿈쟁이들

17살 닉은 미국에서 태어났지만 온두라스에서 가족과 함께 여러 해를 보냈어. 어느 날 닉은 온두라스에 있는 미국 대사관을 견학하고 싶다는 생각이 들었어. 그리고 그 생각은 온두라스 미국 대사관의 외교관이 되고 싶다는 목표로 발전했어. "대사관에 수없이 많은 편지를 보냈어, 답장은 없었지만. 포기할 수도 있었지만 계속 이메일을 보냈어. 그리고 마침내 승낙 메일이 온 거야! 그 과정을 통해 많은 걸 배웠고 내 꿈이 점점 더 분명해지고 있어."

테일러는 시각화를 잘해. "나는 정치인이 되는 게 꿈인데 구체적으로 뭘 해야 할지 생각하다가 군대에 가기로 했어. 정치인은 국가 안보에 민감해야 한다고 생각했거든. 미공군사관학교에 지원했는데 계속 떨어졌어. 정말 큰 충격이었지만 공군사관학교만 고집해서는 안 되겠다는 생각이 들었어. 내 강점을 잘 살펴봤더니 공군 ROTC(학생군사교육단)가 딱이었어. 어렵지 않게 합격을 했고 많은 걸 배우고 있어."

16살 한나의 얘기도 한번 들어 봐. '나는 고등부 최장거리인 500미터 자유수영에서 목표 시간을 돌파하려고 최선을 다했어. 근데 기록이 빨라지기는커녕 점점 느려지는 거야. 병원에 갔더니 철 결핍증이라는 진단을 받았어. 진단을 받았을 때 한편으로는 안심이 됐어. 내 노력에 문제가 있는 게 아니라는 걸 알게 됐으니까. 한편으로는 완전히 우울했지. 500미터 경기에 출전할 수 없었거든. 그래서 '100미터 자유형 1분 돌파'라는 다른 목표를 세우고 연습했어. 물론 성공했어! 팀 주장으로 선발되면서 또 다른 목표도 이뤘고.

앞에서 얘기했던 애비, 기억나? 화성을 생각할 때마다 심장이 두근거리는 17살 소녀. 화성에 대한 애비의 열정은 대단해. 애비는 웹사이트와 페이스북, 트위터까지 운영하고 있어. 그곳에다 자신의 목표를 공유하고 전 세계에 있는 사람들과 우주에 대한 지식을 나누고 있지. 학교 과제였던 '국제우주정거장' 프로젝트를 위해서 웹사이트도 만들었어. 처음에는 발표 자료로 쓸 사진들만 올려놨었는데 여러 사람들이 도움을 주기 시작하면서 자료들이 다양해지고 전문적인 사이트로 발전했어. 그렇게 사람들에게 알려지면서 애비는 우주비행사도 만났고 NASA도 방문했지. '오리온' 우주선을 처음 발사한 미국 플로리다 항공 우주국에 초대받기도 했어. 언젠가는 자신을 화성으로 데려다줄 거라 믿고 있는 바로 그 우주선이 있는 곳이야!

part
5

목표를 이룬
멋진 나에게

성공을 축하하기

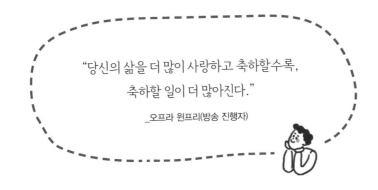

"당신의 삶을 더 많이 사랑하고 축하할수록,
축하할 일이 더 많아진다."

_오프라 윈프리(방송 진행자)

네가 세운 목표들 중에 이룬 게 있니? 축하해! 정말 잘했어! 넌 역시 최고야! 별거 아니라고? 무슨 소리! 넌 정말 특별한 일을 한 거야. 자, 이제 어떻게 축하할까? 축하 파티는 다음 기준에 맞춰 준비해 보자.

- 구체적인 성과를 축하한다.
- 목표의 크기에 맞게 축하한다.
- 자신에게 의미 있는 것으로 축하한다.
- 기한을 정해 두고 축하한다.

외식을 하거나 근사한 꽃다발을 준비하는 건 어때? 친구네 놀러 가서 하룻밤 자고 오기, 쇼핑하기, 갖고 싶던 만화 시리즈 사기 등등. 축하는 정말 다양한 방법으로 할 수 있어.

몇 가지 축하 방법을 소개할게.

✔ 알려!

목표를 달성했다는 사실을 친구와 가족, 조력자들에게 알리는 거야. 그리고 네가 목표를 이루어 냈다는 사실이 얼마나 뿌듯한지 표현해.

✔ 기록해!

목표 기록장에 달성한 내용들을 계속 기록해 나가. 달성한 목표들, 네가 받은 상이나 칭찬까지 모두 기록하는 거야. 이런 걸 잊을 리 없다고, 영원히 기억할 수 있다고 생각하겠지만 기억이란 흐려지게 되어 있어. 이렇게 적어 두면 과거를 돌아볼 수 있어. 네가 이룬 것들을 스스로 되짚어 볼 수 있는 좋은 방법이지.

✔ 편지를 써!

자신에게 편지를 쓰는 거야. 네가 이룬 목표에 대해 자세하게 적어 봐. 왜 그 목표를 정했는지, 어떻게 성공했는지, 성공을 축하하기 위해 무얼 하고 있는지. 그러고 나서 이 편지를 목표 기록장에 붙이는 거야. 편지를 소리 내어 읽는 걸 동영상으로 찍어도 좋겠지.

너에게 의미 있는 축하 방법에는 어떤 게 있을까? 자, 다음 내용을 생각해 보는 걸로 시작할까.

- 기꺼이 하고 싶은 일
- 시간을 함께 보내고 싶은 사람과 그와 함께 하고 싶은 일
- 갖고 싶은 물건
- 즐겁게 할 수 있는 취미생활
- 스스로를 자랑스럽게 여길 수 있게 하는 것, 나를 행복하게 하는 것
- 가장 받고 싶은 선물
- 적당한 용돈이 주어진다면 쓰고 싶은 곳
- 다른 사람들을 기분 좋게 하기 위해 할 수 있는 것

목표 달성을 축하하기 위한 의미 있고 재미있는 방법들을 기억하기 위해서 부록 18번 '상 받았어!'를 기록하자. 그리고 목표 기록장에 붙여 놓자.

혹시 더 좋은 생각이 떠올랐다면 부록 19번 '어떻게 축하할까?'를 활용해 보도록 해.

지금부터는 목표 기록장을 찬찬히 되짚어 보는 게 어떨까? 네가 적어 두었던 희망과 꿈을 보면서 어떤 기분이 드니? 꿈과 희망들에 얼마나 도달했어? 지금까지 이룬 걸 보니 행복하니? 그렇다면 살짝 자랑 좀 해 볼까(많이 해도 괜찮아)? 너 스스로를 칭찬하는 말도 적어 보자. 아니면 다른 사람한테 다 들릴 정도로 큰 소리로 외쳐 봐도 좋아!

목표 달성을 축하하려고 SNS 를 활용하는 친구들이야.

"컴퓨터활용능력 자격증을 따고서
SNS에 소식을 알렸어.
축하 댓글이 엄청나게 많이 달려서
정말 행복했어."

– 쇼나(16)

"올해의 '가장 멋진 학생들'에
뽑혔어. 그 내용을
블로그에 올렸더니
친구들이 많이 응원해 줬어.
정말 고맙고 힘이 났어."

– 애비(17)

"나는 드럼 연주하는 모습을
인스타그램에 공개해.
사람들이 좋은 반응을 보여 주면
더 열심히 연습하게 돼."

– 잭(14)

"난 외교관이 되는 게 목표야.
목표를 이루기 위해
노력하는 과정을 블로그에 올려
사람들과 공유하고 있어."

– 닉(17)

받은 만큼 베풀기

다른 사람들이 네가 열심히 했다는 걸 알아주고 너의 성공을 축하해 주면 아마 고마운 마음이 들 거야. 너도 그들에게 똑같이 해 주는 건 어떨까? '축하해!'나 '정말 잘했어!' 같은 말은 쉽게 할 수 있잖아. 다른 사람들의 성공을 축하해 주는 방법 몇 가지를 알려 줄게.

- 친구가 목표를 이루었을 때, 그 사실을 사람들에게 알려도 좋은지 물어봐. 친구가 좋다고 하면 친구가 어떤 일을 해냈는지, 그걸 네가 얼마나 자랑스러워하는지 다른 사람들에게 알리는 거야.

- 친구의 성과에 대해 학교나 지역 신문에 실릴 수 있도록 편지를 써 보내자.

- 축하 카드를 보내. 카드는 사도 좋고, 손수 만들거나 컴퓨터로 출력해도 좋아. 거기에 진심을 담으면 더 가치 있는 카드가 될 거야.

- 친구의 사물함이나 동생의 방문 앞에 '잘했어!'라고 쓴 쪽지를 붙여 보자.

끝이야말로 진짜 시작

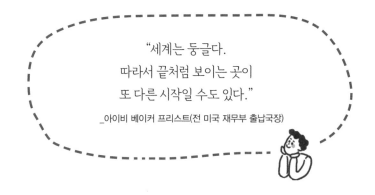

"세계는 둥글다.
따라서 끝처럼 보이는 곳이
또 다른 시작일 수도 있다."

_아이비 베이커 프리스트(전 미국 재무부 출납국장)

"목표를 이룬다는 건 정말 멋진 일이야. 하지만 스스로를 더 발전시키려면 계속해서 목표를 세워야 해." 에이버리가 한 말이야. 닉도 그 말에 동의했어. "나는 뭔가를 이루고 나서 주저앉아 '목표를 이뤘으니 이제 쉬어야겠다' 라고 생각하지 않아. 대신 이루고 싶은 목표가 20개나 더 있다고 생각하지."

에이버리나 닉 같은 친구들은 하루나 이틀 동안 성공의 기쁨을 누리고 나서는 재빨리 다른 목표를 향해 움직여.

너도 그렇게 할 수 있어. 자신에게 잘했다고 충분히 칭찬해 줘. 그리고 네가 이루어 낸 목표 사다리의 첫 계단부터 마지막 계단을 찬찬히 살펴봐.

그런 후에는 다음 목표를 생각해. 이 시기는 인생에 대해 잠시 멈춰 생각해 보기 아주 좋은 때야. 자신이 누구인지, 어떤 것에 가치를 두고 있는지, 어디에 관심이 있는지, 단기간에 이루고 싶은 게 뭔지, 장기간에 걸쳐 하고 싶은 일은 무엇인지 생각해 보는 거지. 이렇게 해 보면 마음속 깊이 원하는 일이 뭔지 알 수 있어. 동시에 의미 없는 목표가 있다는 사실도 깨닫게 될 거야. 그런 목표는 버리면 돼. 물론 목표를 버리면 실패하는 거라는 생각이 들지도 몰라. 그런 생각은 떨치는 게 좋아. 너는 매일 자라고 변화하고 있잖아. 목표도 마찬가지야. 그런 걱정들에 대해서 친구들이 도움이 될 만한 말을 해 주겠대.

목표를 수정한 친구들의 이야기야.

"10살 때, 인간과 동물의 유전자를
연구하는 과학자가 되고 싶었어.
인간에게 날개를 달아 주고 싶었거든.
지금은? 고생물학자나
작가가 되고 싶어."

– 조슈아(13)

"난 어릴 때부터 미술을 좋아해서
그래픽 디자인을 전공할까 생각했어.
그런데 지금은 초등학교 미술 선생님이
돼서 시각장애인들을 가르치고 싶어."

– 조던(17)

"나는 오랫동안 농구 팀에서 뛰었어.
덩크 슛을 넣고 싶은데
아무리 연습해도 잘 안 되는 거야.
내가 덩크에 성공할 가능성이
그다지 높지 않다는 걸 깨닫고
그 목표는 접었어. 대신 드리블
연습을 열심히 하고 있어."

– 델란조(17)

"어릴 적 꿈은 선생님이었어.
그러던 어느 날 체육 시간에
한 여자애가 벽에 머리를 부딪혔어.
나는 생각할 겨를도 없이 바로
그 애를 도와줬어.
그후 물리 치료를 통해서
다른 사람을 돕는 게
내가 하고 싶은
일이라는 생각이 들었고
여러 사람들에게
조언을 구하고 있어."

– 알렉서스(15)

"아주 어렸을 때는 동네에서 샌드위치
가게를 하는 게 목표였어. 이모가 거기서
일하셨는데 그 일이 세상에서 가장 멋져
보였거든. 그 목표는 접었지만 오래전에
세운 목표 중에 한 가지는 아직도 계속
간직하고 있어. 바로 미국 대통령이 되는 거야."

– 테일러(19)

너에게 중요한 일인데 썩 잘해 내지 못하고 있는 목표가 있다면 어떻게 해야 할까? 일단 끝까지 너 자신을 믿어. 지금 이 순간 네가 목표 사다리의 어느 단에 서 있든 너는 시작했을 때와 마찬가지로 여전히 멋지고 자신감으로 가득 찬 사람이야.

혹시 몇 계단을 올라 보니까 의욕이 살아나지 않았어? 그렇다고 단번에 포기하지 마. 일단 계속 그렇게 해 보는 게 중요해. 혹은 사다리의 반쯤 올랐는데 뭔가 꽉 막힌 기분이 들어? 그렇다면 잠깐 숨을 고르고 목표를 점검해 봐!

이 일을 계속 해낼 능력이 부족한 것 같아? 그럴 땐 그 일을 바라보는 관점이 부정적이지 않은지 생각해 봐. 긍정적인 자세로 목표를 수행하고 있는데도 계속 일이 안 풀린다면, 너무 큰 목표를 세운 건 아닌지 돌아보는 게 좋겠어.

예상하지 못한 문제를 만났다고? 그럼 문제를 해결할 수 있는 방법을 다양한 각도에서 찾아봐! 너한테는 목표를 이루어 낼 수 있는 힘이 있으니까.

다른 사람들이 너에 대해 평가하는 것보다 네가 스스로를 어떻게 평가하는지가 더 중요하다는 사실을 기억해. 지금은 너한테 실망스러울 수도 있겠지만 스스로를 너무 몰아세우지 마. 꿈을 포기하지도 말고.

믿음을 저버리지 마

아무리 최선을 다해도 삶은 이따금 방향을 읽을 수 없는 변화구를 던지기도 해. 목표를 달성하지 못하는 게 속상할 수는 있겠지만 그렇다고 해서 세상이 끝나는 건 아니야. 예상하지 못했던 상황들, 스트레스, 또 시시각각 변하는 감정들이 너를 약하게 만들 수 있어. 그런 일이 많아지면 쉽게 불안해지고 어쩔 줄 몰라 하는 게 당연한 거야.

그래서 목표 사다리를 오를 때는 한 번에 한 계단씩 오르는 게 중요해. 우리가 단 하루씩만 살고 있는 것처럼. 네가 할 수 있는 일들은 정말 많아. 예상치 못한 일이나 감당할 수 없는 사건들이 벌어질 때도 있지만 너한테는 그걸 통제할 수 있는 능력이 있어. 그리고 너에게는 뜻밖의 상황이나 역경이 너를 짓밟도록 내버려 두지 않을 권리가 있어.

물론 실망할 수도 있고 화가 날 수도 있어. 특히 목표에 많은 시간과 에너지를 들였다면 더 그렇겠지. 스스로에게 끊임없이 '만약에…'를 되뇌이며 더 괜찮은 결과가 나왔으면 어땠을까 상상할지도 모르지. 하지만 '만약에'라는 가정은 우리가 앞으로 나아가려는 걸 자꾸 막아설 뿐이야.

꼭 기억해 둬. 누구나 실패하고 실수한다는 걸. 우린 나약한 사람이니까. 사실 실패하지 않는 가장 확실한 방법은 아무것도 하지 않는 거야. 경기장이 아닌 벤치에 앉아 있는 선수는 점수를 잃을까 걱정할 필요가 없어. 하지만 득점할 기회도 없지. 관중 앞에서 노래하지 않는 가수는 음을 틀릴까 걱정할 필요가 없어. 하지만 박수를 받을 일도 없겠지.

그런데 말이야, 그렇게 삶의 뒤편에 숨어서 사는 게 진짜 네가 원하는 거야? 삶이 주는 보상을 받으려면 우리는 움직여야 해. 그 말은 시도해 보고, 때로는 실패도 하겠지만 다시 일어서고 또 일어선다는 뜻이야.

그러니 네가 이미 이루어 낸 것들을 충분히 축하하자. 스스로에게 의미 있는 걸 찾아서 선물해. 그런 후에 원래 목표에 다시 매진하거나 새로운 목표를 찾아서 앞으로 나가면 돼.

결국 인생이라는 건, 꿈이 무언지 알아내고 목표를 정한 다음 원하는 곳으로 가기 위해 매일 무언가를 해 나가는 과정의 연속이야. '끝났다'라고 말할 수 있는 순간은 절대 없어. 왜냐하면 우리는 매일 자라면서 변하고 있고, 매일 새로운 꿈을 꾸고 새로운 목표를 세우니까. 하루는 막 기운이 났다가 다음 날에는 꽉 막히거나 딴 길로 새는 느낌이 들기도 하지. 그렇게 오르락내리락하는 건 목표를 세우고 이루는 과정에서 당연히 일어나는 일이야.

한 달 전, 6개월 전, 아니면 1년 전을 되돌아봐. 그럼 네가 지금 얼마나 멀리까지 왔는지 알 수 있을 거야. 네가 진짜로 원하는 걸 얻고 꿈을 이룬 삶을 사는 기분이 어떨지 한번 상상해 봐. 시작을 내일로 미룰 이유가 있을까?

"무언가를 하는 가장 효과적인 방법은, 그냥 그걸 하는 것이다."

_ 아멜리아 에어하트(비행사)

부록

1. 나에게 영감을 주는 것들

1) 어떤 일을 할 때 즐거워? 왜 그럴까?

_____

2) 어떤 일을 할 때 즐겁지 않아? 왜 그럴까?

_____

3) 사는데 의미와 목적이 되어 주는 건 무엇일까?

_____

4) 네가 가진 재능이나 기술은 뭐야?
   어떻게 하면 능력을 더 발전시킬 수 있을까?

_____

5) 어떤 장르의 책이나 영화를 좋아해?

_____

6) 평소에 어떤 상상을 자주 해?

_____

2. 꿈쟁이들에게 던지는 질문

1) 개인적으로 알고 있는 사람 중에 존경하는 세 명을 적어 보자. 친구나 가족, 선생님, 운동부 감독님, 혹은 이웃 누구라도 좋아. 그들의 어떤 점이 훌륭하다고 생각하니? 어째서 그들이 특별한 거지?

_____

_____

2) 만나 본 적은 없지만 존경하는 세 명을 적어 보자. 예를 들어 연예인이나 유명한 종교 지도자, 운동선수, 예술가, 아니면 역사 속 위인도 좋아. 그들의 어떤 점이 훌륭하다고 생각하니? 어째서 그들이 특별한 거지?

_____

_____

3) 오늘이 고등학교 졸업식 날이라고 상상해 보자. 강당으로 들어가기 전, 한 가지 질문을 받았어. 네 미래의 모습을 예측해서 5가지로 말해 보라고. 최대한 구체적으로 적어 봐.

_____

_____

_____

4) 오늘은 고등학교를 졸업한 지 5년이 지난 어느 날, 동창 모임이 있는 날이야. 친구들이 네 인생에 대한 3분짜리 영상물을 만들어 오래. 네가 가장 빛났던 시절의 일이나 네가 성취해 낸 일들의 목록을 먼저 만들어 보자. 왜 그 일들을 골랐는지도 적어 봐.

---

5) 오늘은 네 70번 째 생일이야. 친구들이 뭐라고 축하의 말을 전할까? 너나 친구들은 네 어떤 일들을 특별하다고 여길까? 대학에 갔을까? 예술작품을 만들었나? 연예인이 되었을까? 아니면 사업가?

---

6) 친구들이 말해 주었으면 하는 네가 잘한 일들, 성취한 일들을 자세하게 적어 봐.

---

3. 20×20 : 20살까지 20가지 이루기

20살이 될 때까지 20가지 일을 할 수 있다면 어떤 걸 하고 싶은지 적어 보자.

1. _____

2. _____

3. _____

4. _____

5. _____

6. _____

7. _____

8. _____

9. _____

10. _____

11. _____

12. _____

13. _____

14. _____

15. _____

16. _____

17. _____

18. _____

19. _____

20. _____

4. 꿈 인터뷰 질문지

1) 어떤 일이든 할 수 있는 능력이 생긴다면 어떤 걸 하고 싶나요?
   왜 그렇게 생각하나요?

   _____

2) 인생에서 가장 절실하게 이루고 싶었던 건 무엇인가요?

   _____

   그걸 이뤘나요? _____

   어떻게 이루었나요? _____

   혹시 이루지 못했다면 이유가 무엇일까요? _____

3) 당신에게 가장 중요한 일은 무엇인가요?

   _____

4) 1년 뒤에 이루고 싶은 일이 있다면 몇 가지만 이야기해 주시겠어요?

   _____

5) 당신에게 영감을 주는 것들은 무엇인가요?

   _____

6) 당신이 자라면(혹은 나이가 들면) 어떤 모습이 되어 있을까요?
   무슨 일을 하고 있을 것 같나요?

   _____

5. 나에게 가치 있는 것

1) 앞으로 함께하고 싶은 사람이나 갖고 싶은 물건들을 적어 보자.

_____

2) 1번 질문에서 답한 사람과 물건을 선택한 이유를 적어 보자.

1. _____

2. _____

3. _____

3) '사람이라면 반드시 ~~해야지'라고 생각하는, 네가 중요하게 여기는 자질이 있니? 그걸 직접 써 보고 그걸 어떻게 행동으로 표현하고 드러낼 수 있을지 적어 보자.

_____

4) 5번 부록에 적은 내용과 53쪽에 나온 가치관 목록을 비교해 보자. 그런 다음 그 안에서 네가 중요하게 생각하는 가치 3가지를 찾아서 적어 보는 거야. 가치란 자신에게 가장 중요한 생각이나 대상을 말해.

1. _____

2. _____

3. _____

6. SMART 카드

나의 목표는

Savvy: 이해하기 쉽고 행동하기 쉽다.

Measurable: 목표를 이루기 위해 해야 할 일들이 구체적이다.

Active: 내가 해야 할 행동이 명확하다.

Reachable: 내 능력 안에서 가능한 일이다.

Timed: 정확한 마감 날짜 안에 완료할 수 있다.

7. 내가 진짜로 원하는 것

네가 진짜로 원하는 꿈 5가지를 골라 목록을 만들어 봐. 부모님이나 선생님, 친구들, 온갖 매체에서 부추기는 것 말고 네가 원하는 것 중에서 어떤 게 너에게 진정한 의미가 있을지 생각해 봐.
5개를 골랐다면 '나는 진정으로 ~을 바란다'라는 문장으로 만들어. 그다음 앞에서 배운 SMART 목표로 만들어 봐.

내가 진짜로 원하는 5가지	
나는 (　　　　　　)을 바란다.	SMART 목표
1.	☞
2.	☞
3.	☞
4.	☞
5.	☞

8. 나의 목표 사다리

나의 목표:

마감 기한:

서 명:

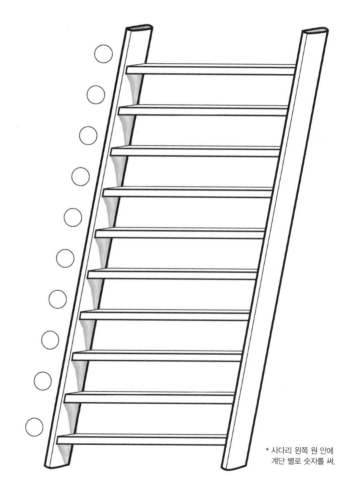

* 사다리 왼쪽 원 안에
  계단 별로 숫자를 써.

9. 확장 목표 사다리

나의 목표:

마감 기한:

서 명:

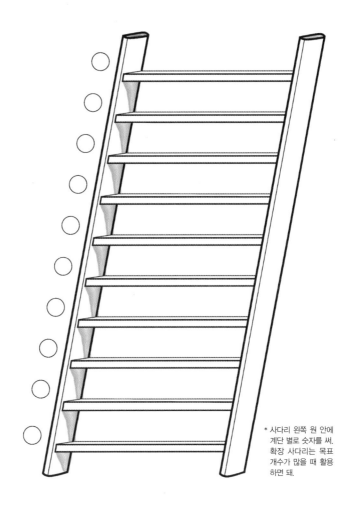

* 사다리 왼쪽 원 안에
계단 별로 숫자를 써.
확장 사다리는 목표
개수가 많을 때 활용
하면 돼.

〈목표 사다리 예 1〉

나의 목표: 다음 국사 시험에서 90점 이상 받기

마감 기한: 3월 3일 국사 시험 날까지!

서 명: 헥터 D.

※이 목표는 10개의 계단이
   필요하진 않아.

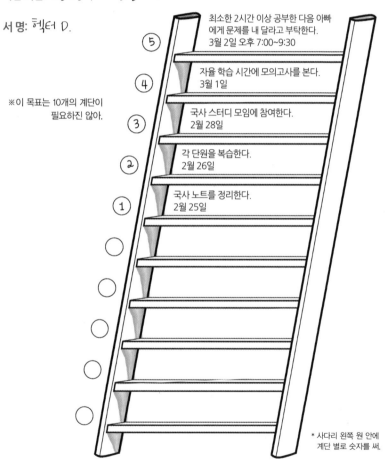

⑤ 최소한 2시간 이상 공부한 다음 아빠
   에게 문제를 내 달라고 부탁한다.
   3월 2일 오후 7:00~9:30

④ 자율 학습 시간에 모의고사를 본다.
   3월 1일

③ 국사 스터디 모임에 참여한다.
   2월 28일

② 각 단원을 복습한다.
   2월 26일

① 국사 노트를 정리한다.
   2월 25일

* 사다리 왼쪽 원 안에
  계단 별로 숫자를 써.

〈목표 사다리 예 2〉

나의 목표: 방과 후 아르바이트 구하기

마감 기한: 11월 15일까지

서 명: 메이 L.

※이 목표는 10개의 계단을
　　모두 사용해.

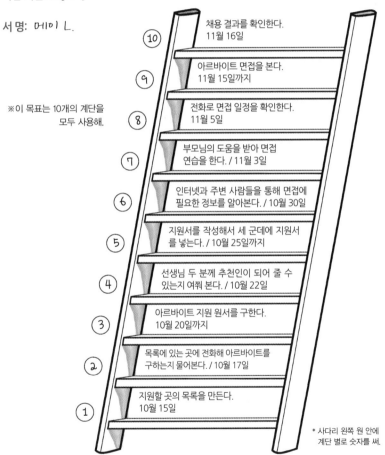

⑩ 채용 결과를 확인한다.
　　11월 16일

⑨ 아르바이트 면접을 본다.
　　11월 15일까지

⑧ 전화로 면접 일정을 확인한다.
　　11월 5일

⑦ 부모님의 도움을 받아 면접
　　연습을 한다. / 11월 3일

⑥ 인터넷과 주변 사람들을 통해 면접에
　　필요한 정보를 알아본다. / 10월 30일

⑤ 지원서를 작성해서 세 군데에 지원서
　　를 넣는다. / 10월 25일까지

④ 선생님 두 분께 추천인이 되어 줄 수
　　있는지 여쭤 본다. / 10월 22일

③ 아르바이트 지원 원서를 구한다.
　　10월 20일까지

② 목록에 있는 곳에 전화해 아르바이트를
　　구하는지 물어본다. / 10월 17일

① 지원할 곳의 목록을 만든다.
　　10월 15일

* 사다리 왼쪽 원 안에
　계단 별로 숫자를 써.

〈목표 사다리 예 3〉

★ 고등학교 2학년

나의 목표: 내가 원하는 대학교에 들어가기

마감 기한: 고등학교 3학년 5월 중순까지

서 명: 아흐메드 S.

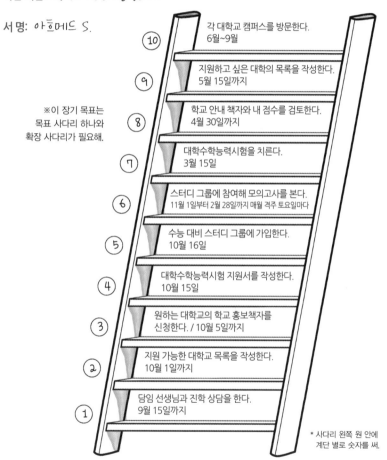

※이 장기 목표는
목표 사다리 하나와
확장 사다리가 필요해.

10 각 대학교 캠퍼스를 방문한다.
6월~9월

9 지원하고 싶은 대학의 목록을 작성한다.
5월 15일까지

8 학교 안내 책자와 내 점수를 검토한다.
4월 30일까지

7 대학수학능력시험을 치른다.
3월 15일

6 스터디 그룹에 참여해 모의고사를 본다.
11월 1일부터 2월 28일까지 매월 격주 토요일마다

5 수능 대비 스터디 그룹에 가입한다.
10월 16일

4 대학수학능력시험 지원서를 작성한다.
10월 15일

3 원하는 대학교의 학교 홍보책자를
신청한다. / 10월 5일까지

2 지원 가능한 대학교 목록을 작성한다.
10월 1일까지

1 담임 선생님과 진학 상담을 한다.
9월 15일까지

* 사다리 왼쪽 원 안에
계단 별로 숫자를 써.

⟨확장 목표 사다리 예⟩

★ 고등학교 3학년

나의 목표: 내가 원하는 대학교에 들어가기

마감 기한: 고등학교 3학년 5월 중순까지

서 명: 아흐메드 S.

※이건 아흐메드의
목표를 위한
확장 사다리야.

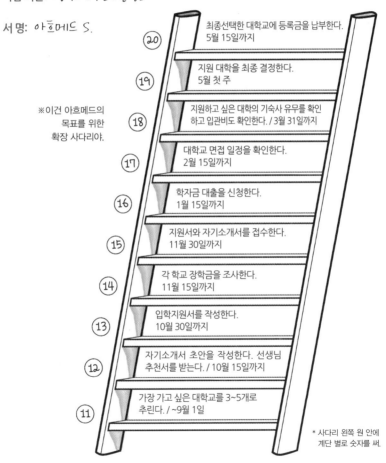

⑳ 최종선택한 대학교에 등록금을 납부한다.
5월 15일까지

⑲ 지원 대학을 최종 결정한다.
5월 첫 주

⑱ 지원하고 싶은 대학의 기숙사 유무를 확인
하고 입관비도 확인한다. / 3월 31일까지

⑰ 대학교 면접 일정을 확인한다.
2월 15일까지

⑯ 학자금 대출을 신청한다.
1월 15일까지

⑮ 지원서와 자기소개서를 접수한다.
11월 30일까지

⑭ 각 학교 장학금을 조사한다.
11월 15일까지

⑬ 입학지원서를 작성한다.
10월 30일까지

⑫ 자기소개서 초안을 작성한다. 선생님
추천서를 받는다. / 10월 15일까지

⑪ 가장 가고 싶은 대학교를 3~5개로
추린다. / ~9월 1일

* 사다리 왼쪽 원 안에
계단 별로 숫자를 써.

10. 목표 설정에 관한 인터뷰 질문지

이 질문을 친구들, 가족, 주변 사람들에게 해 봐.

1. 당신의 단기 목표와 장기 목표는 무엇인가요?

_____

_____

_____

2. 다음 달까지 도달할 수 있는 목표와 10년이 걸릴 목표가 있을 때 각각의 목표를 어떤 방식으로 세우나요?

_____

_____

_____

3. 한 번에 목표를 많이 세우는 걸 좋아하나요? 아니면 큰 목표 한 가지에 집중하는 걸 좋아하나요?

_____

_____

_____

4. 지금껏 이룬 목표 중에 가장 큰 목표는 무엇인가요? 성공의 비결이 무엇인가요?

_____

_____

_____

5. 목표를 이룰 수 있도록 단계를 정하는 기준이 있다면 무엇인가요? 그 단계를 차근차근 밟아 나가는 비결이 있나요?

_____

_____

_____

6. 목표를 정하는 것과 도달하는 것에 대해 해 줄 조언이 있나요?

_____

_____

_____

11. 다른 사람들은 나를 어떻게 볼까?

네가 생각하는 네 장점과 다른 사람들이 너에 대해 좋게 말하는 내용을 아래 공간에 적어
보자.

12. 나에게 힘을 주는 말들

나는 매일 나의 외적인 모습과 내면 모두를 살피며 관리한다.

나는 모든 면에서 매일 점점 더 강해진다.

나는 필요할 때 도움을 청하고 받는다.

나는 SMART 목표를 세우고 이루는 걸 아주 잘한다.

나는 목표 사다리를 한 계단씩 꾸준히 오른다.

나는 내가 한 긍정적인 선택을 믿는다.

곧 좋은 일들이 일어날 것이다.

나에게 필요한 건 늘 내 주변에 있다.

---

13. 나에게 필요한 도움

나의 **SMART** 목표는 _____ 이다.

나에게 필요한 도움	나를 도울 수 있는 사람

14. 나만의 드림팀

이름 :

주소 :

전화번호 :

이메일 주소 :

SNS 계정 :

이름 :

주소 :

전화번호 :

이메일 주소 :

SNS 계정 :

이름 :

주소 :

전화번호 :

이메일 주소 :

SNS 계정 :

15. 목표 점검

나의 목표 :

_____

내가 바라는 결과 :

_____

_____

내가 얻은 결과 :

_____

_____

이 목표를 계속 유지해 가고 싶은가?   □ 그렇다   □ 아니다

그렇다면, 목표에 도달하는 데 무엇이 더 필요할까?

_____

_____

_____

아니라면, 새로운 목표를 세워 보자.

_____

_____

성공 확률을 높이기 위해 어떤 걸 할 수 있을까?
(예를 들어, 목표 도우미 찾기나 현재의 목표를 다른 시기에 도전해 보기 등)

_____

어떤 목표수행 도움이 필요한가? 누가 그 도움을 줄 수 있을까?

_____

어떤 요령전수 도움이 필요한가? 누가 그 도움을 줄 수 있을까?

_____

어떤 기분전환 도움이 필요한가? 누가 그 도움을 줄 수 있을까?

_____

이 목표에 매진하면서, 다른 목표를 수행하는 데 도움이 될 만한 게 있었다면 써 보자.

_____

16. 목표 점검을 위한 인터뷰 질문지

주변에 있는 친구나 가족들에게 이 질문을 해 봐.

1) 당신은 꾸물대는 버릇이 있나요? 미루는 습관을 고치기 위해 어떻게 하나요?

_____

_____

2) 일이 잘 안 풀릴 때, 긍정적인 자세를 유지하는 방법이 있나요?

_____

_____

3) 자신감을 끌어올려야 할 때 어떤 방법을 쓰나요?

_____

_____

4) 도움이 필요할 때 누구에게 의지하나요?

_____

_____

5) 아주 유명한 사람과 대화를 나눈다고 상상해 보세요. 당신의 목표에 도움을 줄 수 있는 사람이라면 살아 있거나 오래전에 죽은 사람이거나 상관없어요. 누구로 할지 골랐나요? 그 사람에게 목표 달성에 관한 어떤 걸 물어보고 싶나요?

_____

6) 멘토가 있나요? 만일 있다면 어떤 도움을 받나요?

_____

7) 혹시 저에게 멘토가 되어 주거나 목표를 이루는 데 도움을 줄 수 있을 만한 사람을 추천해 주실 수 있나요?

_____

8) 살면서 고난이나 역경을 겪어 봤나요?

_____

9) 어려움을 극복하는 데 도움이 되는 조언이 있다면 해 주실 수 있나요?

_____

10) 실패해 본 적이 있나요? 어떻게 극복했나요?

_____

17. 힘이 되는 명언

실패를 겪지 않고 사는 건 불가능하다.
제대로 산다고 할 수 없을 만큼 극도로 주의를 기울이며 산다면 모를까.
하지만 그것도 자연히 실패할 것이다.
— J. K. 롤링(작가)

비교는 기쁨을 앗아가는 도둑과 같다.
— 시어도어 루스벨트(제26대 미국 대통령)

언제나 평범하고자 노력한다면
당신은 스스로가 얼마나 굉장해질 수 있는지 평생 모를 것이다.
— 마야 안젤루(시인, 작가)

잘못된 선택이란 없다. 오직 예상치 못한 길이 있을 뿐이다.
— 마크 네포(철학자, 작가)

당신 자신의 뛰어난 재능을 알아보고 받아들여라.
다른 사람이 당신은 참 대단하다고 말해 주길 기다리지 마라.
당신 스스로를 믿어라.
— 이얀라 반젠트(작가, 연설가)

무언가를 시작하기에 최적의 조건이 만들어지기를 기다리지 마라.
시작이 조건을 완벽하게 만드는 것이다.
— 앨런 코헨(작가)

절대 다른 사람의 제한된 상상력으로 자신을 한정짓지 마라.
— 마에 제미슨(최초의 아프리카계 미국인 여성 우주비행사)

18. 상 받았어!

이번 일에 성공하면 (목표)	이렇게 축하할 거야! (축하하는 방식)

19. 어떻게 축하할까?

다음 질문들을 친구나 가족들에게 해 봐.

1) 목표를 정하고 그걸 이루었을 때, 어떻게 축하하나요?

---

2) 주변 사람들이 목표를 이루었을 때, 당신은 그 사람들의 성공을 어떻게 알아채나요?

---

3) 혹시라도 목표를 포기하고 싶을 때는 어떻게 하나요?

---

4) 지금껏 받은 보상 중 최고의 보상은 어떤 건가요? 보상을 받았을 때 기분이 어땠나요?

---

5) (상대가 나를 잘 안다는 가정 하에) 제가 스스로에게 성공에 대한 보상을 해 준다면 어떤 게 좋을까요?

---

6) 혹시 제가 목표를 이루게 된다면 함께 축하해 주시겠어요?

---

7) 당신이 다음 번 목표를 달성할 때, 어떻게 축하하면 좋을까요?